中国风俗图志

吉林卷

刘晓峰
李北山　总主编

薛永志　绘
施立学　著

为民族风俗的传续留念
为中华文化的复兴存根

泰山出版社·济南·

出版说明

随着当代中国工业化和城市化进程的加快，人们的生活方式快速变迁，乡风民俗正迅速发生变异甚至消亡。对各地的乡风民俗的抢救性记录，成为当务之急。

乡风民俗作为人们生产生活过程中所形成的一种文化现象，因其非物质性，甚至非口头性，只能以文本、影像等形式加以记录保存，但都有其局限性。因此，泰山出版社另辟蹊径，以“图绘+文献”的形式整理、记录、保存中国各地的乡风民俗。

在中国，风俗画有着悠久的历史，是劳动人民热爱生活、记录生活而进行的艺术上的创造。从石器时代的岩画到汉代的画像砖，都以图绘的形式记录了人们的日常生活。到唐宋时期，风俗画的制作已蔚然成风，如北宋张择端的《清明上河图》、南宋李嵩的《货郎图》，不仅形象生动地展示了当时的风俗人情、衣冠服制等，还让画作本身成为艺术珍品。当代风俗画在传统风俗画的基础上，将中国画艺术和民俗主题进一步融合，其作品形式直观、鲜活，充满了艺术的魅力和民间的气息，以特有的艺术形式为我们呈现了正在加速消亡的乡风民俗。

泰山出版社历时四年推出《中国风俗图志》系列丛书，以图绘形式尽可能系统地整理、记录、保存中国各地的风俗，与文字记录、研究形成互补和互释，以“左图右史”的形式加以呈现。二者相辅相成，不仅描述“民俗是什么”，更探究“民俗为什么”；既希望让读者能够记住乡愁，也力图为中国的民俗学研究提供另一种文本。此次推出的《中国风俗图志》系列第一辑共11卷，分别为：“北京卷”“武汉卷”“关中卷”“杭州卷”“苏州卷”“常州卷”“石家庄卷”“吉林卷”“中山卷”“川西卷”及“鲁西南卷”。本卷为“吉林卷”，由薛永志先生绘图，施立学先生撰稿。

为民族风俗的传续留念！为中华文化的复兴存根！这就是《中国风俗图志》这套大型丛书的目的。

总序

风俗和图画，是我们每个人从小就熟悉的两件事物。

以风俗说，人以群居，则事有相沿，浸浸自然成俗。习俗积久，其数必夥，自有聪明之士，兰心蕙目，笔墨志之。是故汉有风俗之书，梁有荆楚之记。以图画说，巧拙不论，凡人从小到大，皆有笔画彩涂的经历。而人最喜欢摹画者，当然是身边诸物，是自己觉得最有意思的生活细节。所以风俗入画，在中国早见于岩画、画像石与壁画之中。今天博物馆留存的中国历代画作，如《清明上河图》这样专以风俗为题材的亦多有。进一步说到文字与图的结合，同样历史久远。流传至今的《山海经》，就是为已经遗失的《山海图》写下的注释文字。而以图插于书中，则更为中西书肆业者共同热心做的事情。因为图文有相互参映之效，所以鲁迅称赞之"不但有趣，且亦有益"。但举目书林，像本套书这样大规模将图画与笔墨并举而为地方风俗图志者，可谓前所未有。《中国风俗图志》将艺术之美与文字之美紧密地结合在一起，擎优美文字介绍一地之风俗，嵌艺术彩墨展示一方之风化，诚可谓具有极高艺术价值，展示深湛审美意蕴，足以令人耳目一新。

总序

风俗就是我们的生活。每一个人从出生那一天起，就身处于某一地风俗之中，并不知不觉被此地风俗浸染，美之乐之。但是，我们所在的，是一个充满变化的世界。改革开放四十多年，中国的变化天翻地覆。一方面，是城市的巨变。北京，如大饼般一环一环摊开，成为拥有七环的巨大首都；深圳，由南方一个小小渔村变身成千万人生活的现代化城市；在我们注意不到的地方，都市在扩展，以亿万计的人口在涌进城市。另一方面，是农村的巨变。在我们不知不觉间，已经有很多个拥有几百年历史的村庄从这个世界消失。而依旧存在的村庄，也都已经不是旧日的面貌。

1924年，有一位名叫青木正儿的日本学者来到中国。时当中华民国成立刚十几年，社会上新文化运动狂飙突进，正是传统中国社会风俗日渐磨灭的年代。这位研究中国古代戏曲小说的学者走遍中国大江南北，像中国老百姓一样赶早市、逛戏园、进茶馆，漫步北京大小胡同，他发现中国依旧保留有许多古老的风俗。有感于中国社会变化之迅速，他列纲目，选对象，请画师，想为后世留下一部《中国风俗志》，可惜后来由于财力不足，只请中国画师刘延年画下了一百余幅描绘北京风俗的彩图。后有内田道夫教授博采众书，为这些图做了解说，这就是日本平凡社出版的《北京民俗图谱》。二十世纪六十年代老舍睹图，惊叹书中所画许多风俗已不可见。今天的中国，依然行驶在一条迅疾发展的高速路上，城市的扩张、生活空间的巨变，使许多旧日风俗变化甚至消失得无处追寻。风俗承载着我们成长的记忆，但遗憾的是，这些记忆在一天天地消失。时移世迁，令人无限叹惋。有幸的是，我们生活中，有这样一群学者，他们坚持着一笔一画地记录下了故乡点点滴滴的风俗；有这样一群画家，他们用画笔追寻乡土记忆，留下精彩纷呈的风俗图画；更有泰山出版社这样的“及时雨”，把这两群人的力量汇聚到一起。群贤毕力，就是为给亲爱的读者们呈现这套《中国风俗图志》。

神州赤县，江山代有奇文出；彩墨华章，且留胜迹待追寻。相信假以数年，《中国风俗图志》中所记所画，一定会成为留给未来的宝贵精神文化财富。

是为序。

刘晓峰
中国民俗学会副会长
清华大学人文学院历史系教授
2019年12月12日 清华园

目录

图录

图录

欢乐的冬天

第一章　东北民俗文化发展概述

在犹如一只报晓雄鸡的中华人民共和国版图上，那象征雄鸡头部的地方就是东北地区。“东北”是以中原为坐标而定位的方位名词，最早见于《周礼·夏官·职方氏》：“东北曰幽州，其山镇曰医无（巫）闾。”那个时代只知道有位于今辽宁省北宁市与义县间的医巫闾，不知道有东北最高的山长白山，也不知道在大兴安岭、外兴安岭、小兴安岭、完达山、千山和七老图山等山地环绕中的黑龙江、松花江、嫩江、辽河等大河以及孕育的三江、松嫩、松辽和辽河等平原。东北是一个完整的地理大区，又是一个半封闭的地域空间。

第一节　四大族系厚植民俗文化

在人们如潮涌般闯关东之前，中原民族曾有数次与东北民族的联系。据考证，距今约四万年前，人类历史进入万象更新的时代，一批中原来客冒着漫天大雪向东北挺进，他们跨过黑龙江，走到西伯利亚尽头，踏上今天的白令海峡的坚冰，进入一片荒野、尚无人迹的美洲大陆。已发现的距今约四万年的吉林榆树人化石和距今约二万六千年的吉林安图人牙齿化石，证明早在那时，吉林就留下了中原来客的足迹。后来，进入了有文字记载的历史，以鸟、马或谷为图腾的前周肃慎族，以楛矢石砮，盛名于不咸山（今长白山）北部。而后伴着自西向东的人口流动，辽宁医巫闾山野人组成一个东至大海、西接扶余、南达北沃沮（今珲春市）“独无法俗，最无纲纪”的部落，这就是被写进《后汉书·东夷传》的挹娄族。他们取代了肃慎族，又经勿吉族、靺鞨族的嬗变，后被与宋王朝对峙了一百余年的女真族所统一。

砸被里儿

吉林界内，民族为数甚多，源远流长，世代传承；民族历史，辉煌灿烂；地域文化，博大精深，异彩纷呈。基本上形成了三大族系。

一是自肃慎、挹娄、勿吉、靺鞨、女真等族，直到满族，此即史家所称的“肃慎族系”。

二是秽貊族系，包括夫余、高句丽、沃沮等族。据《后汉书·东夷列传》记载：“夫余国，在玄菟北千里。南与高句丽，东与挹娄，西与鲜卑接，北有弱水。地方两千里，本濊地也。”地理位置大体在松花江中游与嫩江之间，而夫余、农安、肇源、大安一带，是夫余族居住的中心。居住地最为平敞，土宜五谷，出名马、赤玉、貂豽、大珠，珠大者如酸枣。高句丽，少田业，力作不足以自资，故其俗节于饮食，好修宫室。沃沮，“其言语与句丽大同，时时小异”①。

三是东胡族系，有乌桓族，随水草放牧，并种穄和东穑，“男子能作弓矢、鞍勒，锻金铁为兵器”②；有鲜卑族，在东汉时期，“南抄缘边，北拒丁零，东却夫余，西击乌孙，近据匈奴故地，东西一万四千余里，南北七千余里，网罗山川水泽盐池甚广”③，相当于今东到吉林，北到贝加尔湖，南到河套，西到新疆；契丹族、蒙古族亦属于这一族系。

民俗是历史的产物，但民俗又非历史，它积久成俗，难分起讫。民俗是在一定经济条件下文化创造的综合积累，各民族之间意识形态互相交融，有其独特的历史发展轨迹可寻。就东北民族民俗渊源考察，大体可作如下表述。首先是肃慎时期至辽金元明时期。这一漫长的历史时期可以说是东北民俗的形成时期。东北地区早期民俗，在《后汉书》《晋书》《辽史》《金史》《元史》《明史》等以及《契丹国志》《大金国志》《松漠纪闻》《吉林通志》等著作中都有记载，可视为吉林或东北之古俗。古俗大体来自两个方面：一是来自土著民族民俗（如生产、信仰、生活习俗等），二是来自中原汉族习俗（如某些宗教、节俗、文艺等）。这些互相交融，具有鲜明地方、民族特色的古俗，多可视为吉林近现代民俗之源。清代，是吉林民俗的成熟时期。此时东北土著、游牧民族，如满族和蒙古族，在长期生产和生活过程中迅速发展，加上汉族封建文化源源流入东北，使吉林文化进入相当繁荣的阶段。清朝建立前后的300年内，是吉林满族民俗发展、传播，并同以汉族为首的其他民族民俗文化大交流、大融汇的时期。17世纪初叶以来，努尔哈赤自长白山崛起，满族以其长期形成的渔猎民族风俗，迅速影响到吉林人民的生活。满族统治者入主中原，影响更加深远，服饰习俗表现得尤为突出，满族发式、服装曾强力在全国推行。生活、生产、婚丧习俗和汉族也有较大交融。在民间

狗爬梨（犁）

信仰方面，满族在保持其原始萨满教信仰（后期已式微）的基础上，受兄弟民族影响引入了佛教、道教等宗教信仰。东北的寺庙，除少数古迹外，大都建于清代，是满族统治者借助神权观念加强政权统治的重要手段之一。清廷以长白山为“祖宗肇迹兴王”之地，视其为“龙脉”。清初实行封禁政策，限制内地汉人进入东北，并于吉林乌拉街特置打牲乌拉总管衙门，专门掌管吉林省特产人参、貂皮、鹿茸、鳇鱼、东珠、蜂蜜、松子等入贡皇室事宜，从而产生许多独特的采集、捕猎习俗及入贡礼仪。至今，在此基础上形成的生活习俗、口头文学和民间艺术作品，仍在民间流传。

第二节　长白山引领民俗文化

“长白山为王气所钟，襟三江，领三岗（老岭、龙岗、南岗），奇峰十六，名胜百二。崔巍磅礴，蜿蜒于亚细亚东北海隅，为一绝大名山，于乎盛矣！”[④]古人称其为“东方乔岳”，“东方万物之所始，山岳钟灵之所宅”[⑤]。长白山藏天然之秘，孕万古之灵，山色纯白，终年积雪，远而望之若珠宫玉阙，近而视之如瑶林琪树，乃萨满文化聚合之地。

乾隆曾有诗云：“天造皇清，发祥大东。山曰长白，江曰混同。”[⑥]这四句诗，准确地描绘了满族与长白山、松花江魂之所依、情之所钟的关系。长白山为东北亚最高的山、中国满族文化发祥地。四千年来，生活在长白山的人民共同演绎了多姿多彩的满族文化。天窟地根长白山，满族文化神山圣岳。

一、天女浴躬池奠定长白山之龙兴之地

有清一代，满洲人对长白山的崇拜可谓登峰造极，并进一步把族源与长白山联系起来。

搓苞米

长白山之东北布库哩山下，佛库仑吞神鸟所遗朱果而生布库里雍顺的神话，向人们昭示了皇权天授的神圣性，与“天命玄鸟，降而生商”⑦的神话有异曲同工之妙。长白山天池即天女浴躬池，三天女佛库仑在此吞朱果而受孕，后生下爱新觉罗家族始祖布库里雍顺的美丽神话，可谓“长白山之魂”。

在距长白山天文峰东30.4千米处，银堆玉砌一般的白头山群峰之中，有一座红色的布库里山，把那雄伟壮观的白头山，辉映得更加绚丽多彩。山下有一水池，浑而圆，形如荷盖，是一个小火山湖，直径180米。池中，水清而浅，水草丰盛，鸟儿戏水，鱼儿遨游，无水流注入，也无溢口，泉涌如柱。池中央，冬无冰，夏无萍；池四周，松树参天蔽日；池畔，芳草萋萋，更有雨燕穿天，白鹤相戏，不失为人间仙境。

相传这里是三天女降浴的地方，三天女中的三妹佛库仑浴后吞朱果受孕，生一男孩，相貌异常，生而能言，名布库里雍顺，被尊为爱新觉罗家族的祖先。后来，布库里雍顺乘槎顺江而下，平定三姓之乱。

长白山天女浴躬池是清龙兴之地，是长白山文化博大精深、神秘、神奇的象征。

清康熙十六年（1677），大臣武默讷、侍卫费耀色等奉命拜谒长白山。六月初二带17条小船、200人，逆松花江而上，溯源满洲故地讷殷（今长白山池南区漫江）。六月初十至建州女真长白山三部之额赫讷殷部，历经艰险，登临天池，“仰缅列祖龙兴，实基此地”⑧。

这次拜谒活动历时两月，回京复命后，康熙下了一道圣谕说：“长白山发祥重地，奇迹甚多，山灵宜加封号，永著祀典。以昭国家茂膺神贶之意。著礼部合同内阁，详议以闻。”当年农历十一月，礼部建议：“长白山系本朝发祥之地，祀典宜崇，但民舍辽远，不便建庙，议封长白山神，每年遣使致祭。”请求册封长白山神为“长白山之神”，在山上设帐立碑，每年春秋二祭（望祭、叩祭）。康熙批准了这个建议，从此形成了祭祀长白山神的制度。第二年春，武默讷再上长白山，赍敕封长白山之神，祭祀典仪与祭祀五岳等同。

二、祀典如五岳博大了长白山民俗文化

长白山为中国的“十大名山”。笔者曾经写过一首歌《大荒长白山》来赞美长白山：“天地这苍苍，岁月这茫茫，苍茫茫有山隆东北，雄姿帅五岳，气势吞八方，中国满族发祥地，一

采松籽（子）

个传说淌三江……”长白山神奇、博大，似为天外之山，古往今来计有20多种称呼。第一称呼叫“不咸山”，意为有神之不咸山，并非满语称呼，源出阿尔泰语系。我国东北地区的古老民族大都信奉萨满教，满语称其为“叉玛”，蒙古语称其为“博”。古人称女萨满为“巫”，男萨满为“觋”。

肃慎人称长白山为“不咸山”，源于对自然界的崇拜与敬畏。长白山汉代称“单单大岭”，这里的“单单”二字，与满语中的“珊延”相近。珊延，即白色的意思；珊延大岭，即白色的大岭；北魏称“盖马大山”，魏称“徙太山”或“徒太山”，“徙”或“徒”为容易读错的字，这里真的将错就错了。《魏书·勿吉传》记载：“勿吉国南有徒太山……有虎豹熊狼不害人，人不得山上溲污，行径山者，皆以物盛去。”《北史·列传·勿吉》篇中也有记载与此相似。这是满族先世把长白山披上神秘面纱进行崇拜的最早文字记录。南北朝称“从太山”，隋唐称“太白山”，《新唐书·东夷列传》记载：“黑水靺鞨居肃慎地……粟末部，居最南，抵太白山，亦曰徒太山，与高丽接……”可见，当时对长白山的称呼极不统一，有的叫“纵太山”，有的叫“徒太山”“纵白山”“太皇山”等。粟末靺鞨建立的渤海国早期疆域大部分在长白山地区，其“旧国”在今吉林敦化。

传说长白山坐落在渤海国中部，是一座圣山。在太白顶上，有一位出世真人，是满族崇拜的祖先神——白山圣母。金女真人定其名为“长白山”，长白山满语为“果勒敏珊延阿林”，又有“白头山”之名。长白山的神奇主要表现为长白山与龙文化、天文化、海文化联系在一起。

建立辽和金王朝的契丹族和女真族兴起后，对于东北的第一座高山，有了统一的称呼——长白山。如《契丹国志》中记载：“长白山在冷山东南千余里……禽兽皆白。”

取代契丹建立金王朝的女真族兴起以后，把长白山视为发祥地，尊其为“东岳长白山”，对其四时祭祀以求保佑国运昌隆，帝祚永延。金世宗完颜雍于大定十二年（1172）册封长白山为“兴国灵应王”，命翰林院修撰党怀英撰《封长白山为灵应王册文》：“自两仪剖析，山岳神秀各钟于其分野。国将兴者，天实作之。对越神休，必以祀事。故肇基王迹，有若岐阳，望秩山川，于稽虞典。厥惟长白，载我金德，仰止其高，实惟我旧邦之镇……列圣蕃衍炽昌，迄于太祖，神武征应，无敌于天下，爰作神主。”概述金兴以来迄于完颜阿骨打之功绩，认定长白山为“兴王之地”，“礼合尊崇，议封爵，建庙宇”。[9]文中把长白山称之为“神山秀岳”，

窖鹿

用“载我金德”“仰止其高”等赞语来形容它，可见对这座塞外名山的崇仰恭敬。因此，金世宗又于大定十五年（1175）在长白山北建立灵应王神庙，命大臣持节备礼并带着这份《册文》前去祭奠。金章宗明昌四年（1193）又封长白山为“开天弘圣帝”。山神由王及帝，在诸岳中品秩最高，自此每岁降香，有司春秋二仲择日致祭，并有祭文。金长白山神庙遗址，位于吉林省安图县二道白河镇西北4千米处的丘陵南坡上。据《大金集礼》记载：“（大定）十四年六月，建毕正殿三间，正门三门，两挟廊各两间，北廊准上惟不设门。东西两廊各七间，东廊当中三间就作斋厅，神厨三间，并添寝殿三间，贮廊三间。”该神庙选址经过精心考量，位于区域内最为高敞的地方，庙内建筑轴线的南向延长线，正对长白山主峰。天气晴好时，从此南眺，长白山主峰映入眼帘。

康熙二十一年（1682），康熙帝东巡到吉林时，在松花江畔对长白山举行望祭。此后，每年春秋两季由吉林将军、副都统率领官员在小白山望祭殿代表皇帝对长白山举行望祭。1683年，康熙帝“诏封长白山神，秩祀五岳”，后又撰文称“泰山之龙，发脉长白”，把长白山的地位推向新的高度，长白山崇拜的表现形式随满洲民族一起跃至历史舞台中央，进入中国历代皇帝的封禅礼制序列并居首位。康熙帝东巡吉林，率太子、诸王和群臣“诣松花江岸，东南向，望秩长白山，行三跪九叩头礼，以系祖宗龙兴之地”。⑩

康熙皇帝“敕封长白山之神礼典如五岳”，“应高于五岳，与五岳同祭”。康熙有诗《望祀长白山》曰：“名山钟灵秀，二水发真源。翠霭笼天窟，红云拥地根。千秋佳兆启，一代典仪尊。翘首瞻晴昊，岧峣逼帝阍。”康熙有《祭告长白山文》曰：“惟神杰峙东，维协扶景运。疏江汇海，荐瑞凝祥。著灵异于万年，溥蕃滋于庶类。”“朕惟国家受命凝庥，则山川百神罔不协瑞。矧溯兴亡之迹，推翊运之祥，尢宜肇与明，诞加显号。盖自天作高山，形于歌颂，其来旧矣。惟神秀结东陲，泽均厚载，浚发三江之脉，广延千里之区，极敷云泄雨之奇，宏济物利民之用，神山异迹莫有与京。”⑪

据说康熙曾使人越海探究长白山与泰山的联系，称长白山为龙首，曾撰文说：“古今论九州山脉，但言华山为虎，泰山为龙，地理家亦云：泰山特起东方，张左右翼为障。总未根究泰山之龙于何处发脉，朕细考形势，深究地络，遣人航海测量，知泰山实发于长白山也……蜿蜒面南，磅礴起顿，峦岭重叠，至金州旅顺口之铁山，而龙脊时伏时现，海中皇城、鼍矶诸岛，皆其发露处也。接而为山东登州之福山、丹崖山，海中伏龙于是乎陆起。西南行八百余

打袼褙

里，结而为泰山，穹崇盘屈为五岳首。”[12]

雍正十一年（1733），在吉林市西南温德亨山（小白山）建望祭殿，殿内神案立满汉双文“长白山之神”位，山麓建祭器楼，山下建鹿圃以供牺牲，朔望由吉林将军、副都统轮流拈香致祭。乾隆十九年（1754），乾隆皇帝亲临小白山，在望祭殿中祭祀长白山，并下令封禁长白山，保护发祥之圣山。

嗣后诸帝未到吉林，但也由吉林将军代为“岁时致祭，崇报特隆”。乾隆皇帝东巡到吉林小白山，虽然没有登到长白山天池之畔，瞻仰其祖先的诞生之地，但已经到了周边地区（吉林市船厂、开原威远堡等地），还写了大量咏赞和祭告长白山的诗文。乾隆皇帝有《祭告长白山文》五篇，其中有这样的描述：“奥我清初，肇长白山。扶虞所锤，不显不灵。周八十里，潭曰闼门。鸭绿、混同、爱滹三水出焉。帝用女天妹，朱电磁波是吞。爰生圣子，帝用锡以姓曰觉罗，而徽其称曰爱新。是翦是除，匪安匪康，乃有叶赫、辉发、界藩……”[13]

嘉庆皇帝有《长白山告祭祝文》二篇，写得有声有色，让人叹为观止。

直到清末，安图县知县刘建封还向朝廷上折奏请曰：“长白山为我大清发祥之地，天生圣人，削平区域于万斯年。”因此他建议重修山上神庙，以供奉长白山之神。

经朝廷批准，这位知县组织人马四次登山察看，并摄下长白山名胜之地的照片40余张，归后编成《长白山灵迹全影》呈奏于朝廷。

1999年8月19日，著名红学家陈景河先生在长白山主峰天池西北15米处发现了金朝用于祭祀长白山的皇家祭坛，规模之大为现今我国境内发现的古代祭坛之最。一块女真文字碑出土于长白山天池北钓鳌台上，专家初步认定这块古碑是金代祭长白山神所刻记的，文字为女真文字“长白山神”。

三、满族人情怀缱绻的“超哈章京”

古时天然环境未遭破坏，长白山周围被千里林莽覆盖，外人极难进入，唯有经验丰富的满族老猎户才能找到前往天池的路。满族人民自古狩猎、采药、捕鱼、采珍珠都依附于长白山，逐渐产生对长白山的信奉与崇敬。在满族人民信仰的萨满教中不仅将长白山视为世界众神的栖居之所，还将其视为本民族祖先的发祥之地，以及死后灵魂的归宿之地，是真正的民

敬德打铁

族精神源头。

满族居民通常把供奉祖先的神板设在自家室内的西墙上，室以西炕为尊位，只许年长辈高的老人就座，其目的就是让神板上的祖先神位与长辈时刻面向东方的长白山，时刻瞻仰民族圣地的光辉。

在满族家族祭祀中，全族的男女老少都要穿上最新的衣服，尤其是妇女们身着彩旗袍，头戴大拉赤，足登花盆底，显得既美观又庄重。在族长的带领下人们要杀猪祈福，由家族中的神职人员“萨满”唱诵魂归长白山的历代祖先的功绩。到了夜幕降临时分，萨满要头戴铜制神帽，身披五彩丝线装饰的神袍，下套神裙，腰扎36对铁铃，手持白色神鼓，祭祀长白山神。

长白山神被称为“超哈章京”，不仅是主管东方的大神，同时也是主管国家命运、军事胜败的战神，是必须祭祀的主要神灵之一。祭祀长白山神时，萨满要高举金叉伴随每小节三次全音符的鼓点跳“战神舞”。祭祀长白山神的同时还要祭祀火龙神，萨满凭借毅力与勇气赤手抓起烧红的铁索，凌空挥舞，顿时火光绚丽，以显示长白山三次火山喷发的壮观历史。“恭祀天子之神，白山神祖（白山祖先神之首领掇哈占爷），子孙娘娘（满族始祖佛朵妈妈，亦称佛莫西妈妈），设宴备贡敬请诸神祇，辞去旧月迎新月……”满族歌谣与童谣亦唱：“白头山，万丈高，四时积雪永不消。前清发祥地，储藏万宗宝。满洲人，兴起早，勤劳勇敢数得着。松花江两岸人不苦，阿拉楚克百姓多幸福。”[14]

祭祀之后人们还要表演“盛洪舞”，有的扮作猎人，有的扮作野兽，表演的内容主要反映满族祖先在长白山林中行围狩猎、勇斗猛兽的景象。传说满族七位小阿哥为战胜野人，在长白山神的帮助下，化作七盏灯，把野人照成瞎子，后来七盏灯升上天宇，成为七颗星，人们年年祭祀。对北斗的崇拜，反映了渔猎民族的信仰特征。

祭祀北斗的时候要点七盏油灯，放七个香碟、七瓶烧酒、七摞黄面饽饽，称为“背灯祭”。祭祀词都是满语。“旧月已过换新月，卜定吉日良辰，今日夜晚在七星斗下，高桌摆供，神祖护佑，温和善良、平安、吉顺。老者开明，幼者平安。”这些祈祷之词表达了满族人对长白山、七星的崇拜。

长白山自古是人参等高档药材的产地，满族先民经营药材生意历史悠久。每年秋季八月十五前后，长白山下以种植人参为业的满族农民都要挑出一年中存放的品质最佳的人参给

中医诊脉

邻里亲友观看，并请客吃饭，这一风俗称为“庆开山”，为的是庆祝长白山神的慷慨恩赐。近年来，每年春季或秋季都有满族的民间团体前往长白山祭祀。2008年，经吉林省白山市筹备，在长白山下建立了长白山满族文化博物馆，面向海内外游客开放，弘扬博大精深的满族文化。这一切使现代文化与古代文化以长白山为核心联为一体。

许多年来，无论是东北还是关内的满族人，见面时习惯打听对方祖上隶属哪个固山（旗），哪个哈拉（家族姓氏）：“您的祖上来自长白山的哪道沟？”被问的人往往都能非常明确地报出来自“长白山二道沟”或者是“长白山五道沟”。这种问询方式，是满族先民们的一项传统，深深地浸透到迁徙到各地的满族同胞的意识中，展现着他们对长白山这一神圣故土经久不衰的眷恋之情。“长白山情结”，可以说是萦绕于满族人民心头的情与结。满族萨满神歌唱出了吉林长白山锡克特里氏家族史：“头辈太爷，舒崇阿玛法（元祖）留下，从始至终，在长白山，在三个山峰之上，从三道河到松花江，三条船与三棵树，在树枝上，由大瀑布下来，大瞒尼依附……”[15]满族儿童歌谣亦唱出满族与长白山的渊源：“一块砖，二块砖，老罕王兴起在长白山……”

第三节　闯关东融汇民俗文化

晋、冀、鲁、豫、皖、苏的贫苦农民被富饶的长白山、松花江吸引，他们筚路蓝缕，以启山林，前来开辟生路，无视统治者的“封禁”。19世纪五六十年代，沙俄不断侵扰我国东北地区，清政府为巩固边防，改“封禁”为“移民实边”政策，关内汉族和东南朝鲜族大量涌入，他们和吉林土著民族（满族、蒙古族）共同成为这块黑土地上的主人。

“闯关东”是指从清朝顺治年间（1644—1661）到中华民国（1912—1949）这个历史时期内，山东、河北、山西、河南等地的百姓去关东谋生的一次移民潮。闯关东是中国历史上持续

做绵（棉）被

时间最长的移民潮，迁徙人数也是最多的。

著名旅游地理学家曹聚仁在《万里行记》中写道：在闯关东的人群中，山东人最多，其次是河北人、山西人、河南人及皖北人。陈翰笙等人在《难民的东北流亡》中写道：流亡东北的难民一向是山东人最多。据长春总商会会长董立广先生估计，1927年到1929年到过长春的难民，山东人占95%，河北南部人占4%，其余的是河南、安徽和热河人。一份统计资料显示，1929年，关内各地"闯关东"人数列前三位的分别是山东、河北、河南。一般认为，在闯关东的人群中，山东人占80%左右。

顺治元年（1644）八月二十日，清世祖爱新觉罗·福临从盛京（今辽宁沈阳）起驾，迁都北京。辽沈地区人口大多"从龙入关"，剩下人口只有几万人。其中，驻防八旗甲兵及其家属约4000人，旗下人口约15000人，主要分布在辽河以东的地区。从现存的满族宗谱来看，有10个宗族没有"从龙入关"。驻牧于辽西义州一带的蒙古察哈尔部有10000余人。

此外，吉林、黑龙江地区约有16万人，东蒙地区约有16万人。这样，清朝入关以后，留在东北地区的人口不到40万人，东北再次成为地广人稀的地区。

随着政权的稳定，恢复、发展因战乱而破坏的经济被提到议程上。东北土地肥沃，地广人稀。清顺治皇帝于顺治八年（1651），批准满汉九卿官员的请示，令民愿出关垦地者，山海道造册报部，分地居住。招募民众赴辽东开荒，大批百姓涌入，必然危及满族"龙兴之地"长白山及其腹地自然环境。于是清顺治十一年（1654），顺治皇帝批准修建柳条边。这是一位伟大的"工艺美术师"，在山海关外的辽沈大地创造的一个奇迹。顺治皇帝和他的继承者们用绿色的柳条，编织了一个天底下最大的"人"字，这个最大的"人"字，一只脚踏在山海关外绥中鸣水堂，另一只脚踏在丹东东港市的窟窿山，而它的身躯则绵延2580里，头在吉林东北方的舒兰市法特哈边门。一说两条老边在开原威远堡边门联结后，形成一个巨大的弓的形状，通往吉林的新边如一支射出的箭。弓与箭象征满族尚武的骑射习俗。就是这个被称为"东北绿色长城"的大写"人"字或"弓箭"对东北大地实行了200多年的封禁，对柳条边内外的东北地区的生态产生了重要影响。

所谓"柳条边"，就是在高、宽各三尺的土台基础上，每隔五尺插柳条三株，各株之间再用绳联结，形成约高五尺的柳条篱笆，也即"插柳条结绳"。边墙外挖深、宽各八尺至一丈的沟渠作为护墙河，以禁止行人越过。柳条边也叫"边墙"或"柳边"。清杨宾《柳边纪略》载：

砸锅牛

“自古边塞种榆，故曰‘榆塞’。今辽东皆插柳条为边，高者三四尺，低者一二尺，若中土之竹篱，掘壕于其外，人呼为柳条边，又曰条子边。”插柳结绳，筑起一道内堤外壕、堤壕相依的边墙。如今柳林虽已不复存在，但田间堤壕痕迹仍清晰可见。

清修筑柳条边，主要基于以下原因：一是东北地区为“祖宗肇迹兴王之所”，“盛京、吉林为本朝龙兴之地”，“系国家根本之地”。正如乾隆皇帝在《老边》诗中说：“征战纵图进，根本亦须防。”为了保护东北满族聚居区，防止满族汉化，保持“国语骑射”的遗风，便把这一地区划为特殊地带，严禁其他各族人民尤其是汉人入内，以防损害“龙脉”。二是用以作为行政区域和经济区域的分界线。《奉天通志》载：清起东北，蒙古内附，修边示限，使畜牧区划分界线目的外，同时，也是为了区分盛京、吉林、内蒙古等几个行政区。为了更有利地控制东北的交通要道，沿柳条边去向，共设置了168个台和20个边门，即老边边门16座，新边边门4座。

柳条边200余年的封禁，创造了特有的柳边文化，如不许汉人、蒙古人进入，满洲旗人也不许自由进入，紧要隘口皆安设卡伦（满语，岗哨），或设立封堆，以监视或阻挡汉人及蒙古人进入。九台有卡伦镇即源于此。当年的闯关东之所以被称为“闯”，是因为柳条边有封禁，出入柳条边，须持有关部门发给的印票，从指定边门验票出入，否则以私入禁地论罪，如偷刨人参，一旦被抓，不分旗民，俱发云南等省充军。

今天，我们应以历史的生态的眼光重新定位与评价柳条边的设置：柳条边200余年的封禁，成功地保护了吉林境域包括长白山在内的生态。文武之道，一张一弛，在平定了海西女真四部、建州女真五部之后，让这块战争焦土休养生息，发展经济，堪称眼光独到，高屋建瓴，不失为清政府韬光养晦之举。存在200余年的柳条边，尽管后期已经是“高可逾越低可通”，“其设还与不设同”，但它收获了意想不到的经济之果。新边老边环护的长白山、东边道及盛京、吉林诸围场的生态得到了有效保护。

清廷设立的四个贡品基地之一——三品大员主宰的乌拉街打牲乌拉总管衙门，进贡人参、貂皮、鹿茸角（一说乌拉草）及珍珠、木耳、松子、榆黄蘑、鲟鳇鱼等200余种贡品，其中鲟鳇鱼大者重1吨半，且无骨、无刺、无鳞，与东珠并称贡品之最。这些均出自柳条边及东边道。

可以说没有200余年的封禁，就没有今天东北的生态大省。柳条边开放之初，有一首歌

莒曲一家

谣这样唱道："草芽子发青燕出关，民人越过柳条边。跑马占荒一片片，又开地来又放山。挖的棒槌扛不动，收的糜子满场院。旗人、民人都好过，有吃有喝太平年。"

为什么要闯关东，原因或天灾或人祸。两宋以降，中国经济重心南移，本来冠带衣履、富甲天下的山东，忽然穷困潦倒，无以为生，人们无奈开始闯关东。山东人闯关东，有两条路可走：浮海和陆行。胶东半岛一带特别是今烟台、威海一带人民闯关东，多浮海北上；鲁西地区的人民则多取陆路。"金窝银窝不如自己狗窝"，"凡事登途者，都是福薄人"，离乡背井可谓人生的灾难。闯关东留下许许多多可歌可泣的悲壮故事。

1. 砸锅牛。从前，有个老牛家，老头儿领着四个儿子过日子。一天小，两天大，一晃儿四个儿子都到了该成家立业的年岁了，可是没钱咋说媳妇呀！一天，老头儿把四个儿子招到一堆儿，说："我看这日子也过不下去了，我领你们闯关东吧!"爷儿五个收拾好行李，刚要动身，老头又来了主意："关东那地方那么大，道又这么远，万一谁走丢了，过些年还能认识吗？再说，子孙后代的也不能相认啊。""那咋办？"哥四个大眼瞪小眼地盯着老爷子。老爷子没吱声，进屋就把一口十八印大锅捧出来了，"咣"一声摔在当院。他让哥四个一人捡一块锅片，五百年后在什么地方姓牛的碰到一块，一提"砸锅牛"就知道是这支老牛家。可不是，直到现今，姓牛的见面聊起来，都要问一问是不是"砸锅牛"。

2. 莒曲一家。早先，有个李大财主，财大势大，要啥有啥。有一年的年三十，李家供堂灯烛辉煌，烟火缭绕。刚要迎神，就见一条大青狗猛地窜上供桌，叼起猪头就跑。这还得了，这样福禄寿不是让狗给叼走了吗？李财主气得暴跳如雷，说啥也要把大青狗追上打死，伙计们抄起钩杆铁齿就撵。撵着撵着，就见那条大青狗进了莒粉匠家坟地，一头钻进了坟窟窿，李财主的肺都要气炸了。他带些银子，连夜到州府告状。财大通神，势大压人。大年初一一早，官兵就把莒家围上了。官兵也不问谁姓张，谁姓王，反正萝卜白菜一齐捡，把莒家院里的男男女女都绑到了莒家坟地砍头，砍到莒老二时，莒老二边哭边往官兵手里递银子说："我姓曲（屈）呀，你们抓我干啥？"莒老三、莒老四也跟着说："是屈呀，我们也没招灾惹祸呀!"几个官兵接过银子，相互埋怨一会儿，就把他们三人放了。

要想活，过黄河。这哥仨过了黄河，就上了关东，又开起了粉房，不敢姓莒，于是改姓曲。曲姓在关东繁衍了很多代了，但有一条规矩没改，就是活着姓曲，死了姓莒，老曲家不管死了谁，灵堂上要写"莒某亡位"。

牛上房　车上树

3. 牛上房、车上树。200多年前，关里人纷纷往关外逃荒。一个深秋季节，山东潍县小东庄有一家姓于的，当家的叫于龙川，看日子过不下去，也打算到关外找个落脚之地。可到关外，两眼一抹黑，找谁是好。于龙川临行前问算命先生，关东什么地方最好。算命的也说不出个子丑寅卯，便胡诌了一句："什么时候看见牛上房、车上树，就是定居福地。"

于龙川肩挑手提，怀揣背扛，出了山海关，步行奔了东北。走着走着，到了现在的榆树市地界。这天，于龙川进了一个村子，只见道旁有一垛苞米秸子，一头老牛正在垛旁撕扯着，垛旁边还一股股地冒着浓烟。细一看，原来垛底下是个住人的地窨子。于龙川眼前一亮，这不是"牛上房"吗？他急忙撂下挑子，乐地直蹦高。正这工夫，一抬头，又见道旁树上挂着架纺车，这不是"车上树"吗？于龙川高兴地不知道说什么好，心想："这不正应了算命人说的话了吗？这儿哪怕就是个猪窝狗窝，也得在这落户了。"他捡些砖头瓦片，打些蒿草，支起一个马架子，就住下了。

每年数百万的山东人闯关东，他们在关东干什么？山东人重农抑商，有句谚语"金虎银虎，不如踢土"。中国农业立国，农业大省的民众"千行万行，种地才是本行"，闯到关东，主要还是农垦。

道光五年（1825），清廷将位于拉林河以南的伯都纳列入放垦范围，建立了120个屯，约有3600户。这些屯垦户基本是移民。咸丰十年（1860），吉林将军辖区剩余官荒放垦。同年，吉林围场官荒放垦。"一口煎饼一口葱，最苦不过老山东。"老山东人开荒斩草，立户建屯。

梨树、公主岭、德惠、榆树等县市叫窝堡的地方特别多。如杨家窝堡、黄家窝堡、董家窝堡，真个张王李赵遍地刘，什么姓氏的窝堡都有。窝堡就是窝棚，这一名称带着移民文化的痕迹。

在吉林出现了一批跟闯关东有关的地名，如山东屯（伊通）、老畲村（梨树）、弓棚子（榆树）、前八垅、后八垅、东八户、西八户、辽阳孙、江东窝堡、岫岩窝堡、李山东屯等。闯关东的人从事各种行业，于是出现了各种行业地名，如乔家当铺、小茄秧、瓦房窑屯、刘大网、王画匠屯、陶家炉、严家杂铺、刘炮手屯、姜碗铺、任家木铺、董银铺、李绳匠屯、张铁匠屯、揽头房子、西麻花店、炮仗铺、曹家面铺、徐药铺、李家炉屯、姜家磨坊、赵柳匠屯、张浆坊、王菜籽村、李果酱屯（以上为农安），前帽铺、旋匠铺（以上为德惠），后韩家车铺、铧子炉、东烟窝堡、西烟窝堡、于醋坊、华箩匠沟、程家围子、牛酒局子、刘家染坊、蒋家油坊、孙

拔罐

菜园子、马家哨口、张肉铺、王铜匠屯、张奎烧锅、张皮铺、张小铺、刘小店、把式屯、后吹手沟、陈纸坊屯、柳罐印子、胡家糖坊、赵粉坊、后放牛窝堡、药铺屯、杏树园子（以上为九台）等。

闯关东最有代表性的劳动是淘金、放山、挖参、采煤等，闯关东的淘金人最有影响的是韩边外。

自清咸丰末年到民国时期，韩边外祖孙冒着违反清廷例禁的风险，在吉林省桦甸市东南部，率众淘金开荒，拥武力，擅生杀，行徭役，课租税，贿赂钦差，投效抗日，抗击沙俄，割据江东70载，人称“淘金王”。

三月十六木把节，亦称“祭山神日”，是长白山地区独有的节日。传说这一天是山神爷老把头的生日，人们设供祭祀。

老把头为谁，据清杨宾《柳边纪略》记载：“凡走山刨参者，率五人而为伍，而推一人为长，号曰山头……乃入山相土。山头坐而指挥四人者，剥树皮为窝棚，又择一人炊，三人樵苏，夜则燎火自卫。晓食已，人携小刀一，火石包一，四尺长木铲一，皮袋一，随山头至岭，受方略，认径路，乃分走丛木中，寻参子及叶，得则跪而刨之，山头者时时立岭上，作声以呼其下，否则迷不能归矣。”杨宾详细记述了入山采参的过程，并强调了老把头头系生死安危于一身的“领导者”作用。

凡采参、狩猎、木把入山皆为放山，放山必有把头，在人参传说中多以山东省登州府莱阳县的孙良为“老把头”。相传，很早以前，孙良从山东老家到东北长白山挖参，他进山后不幸与干兄弟失散，于是翻山越岭脚步不歇地寻找，后来饿死在蝼蛄河畔。河边一块卧牛石上留有他临终写下的话：“家住莱阳本姓孙，漂洋过海来挖参。三天吃个拉拉蛄，你说寒心不寒心。如果有人来找我，沿着蛄河往上寻。入山再有迷路者，从今我为引路神。”作为进长白山挖参第一人，孙良为后人开拓了一条进山之路。他心地善良、仗义豪侠，深得山里人的景仰与崇敬。

内地移民的涌入，一方面促进了东北自然经济的发展，另一方面也带来了汉族多彩的民俗文化，由于各族杂居，形成民俗文化的大交流和大融会。当然，以前东北实际上早已受到内地影响（如金初即已从关内传来元宵节的习俗），而此时由于大量移民，更集中地带来了内地文化和生活方式。东北婚丧习俗、节日习俗、游艺民俗受汉族影响最深；祭祀、居住、饮食

抱窝

和服饰习俗，在贵族、官僚等阶层中得到高度融合和发展。如“满汉全席”，菜肴达196品，至今代表着我国乃至世界饮食文化的最高水平。满族妇女之旗袍和天足，影响了整个中华民族的民俗，使其发生了深刻的质的变化，有利于向健康的方向发展。如东北满族、蒙古族的妇女亦跨马持弓，从无缠足者；朝鲜族亦讲天足。

在东北，妇女以大脚自豪。清朝，吉林榆树县黑林子镇太平川于家出了“叔侄五进士，兄弟两翰林”，两代叔侄九人及第，“七子登科”（四进士、一举人、二秀才）。这七子之母赵氏也是从山东逃荒而来的，因其颌面黑亮，又是大脚，俗称“黑老太”。她是一普通农妇，不识字，但一生勤劳，品德高尚，育子成才。两个小叔子也被她和丈夫培育成名。叔称：“老嫂比母，皆嫂之功也。”“七子登科”更全仗母范懿德。西太后对这件事很感兴趣，要见一见这位老太太，便召她进京。黑老太在儿子——大名鼎鼎的翰林院学士于钟霖的陪同下，坐轿入宫。她满不在乎地把两只大脚伸出轿帘外。于钟霖说：“母亲，这是京城，不是乡下，把脚伸出来多不雅观。”老太听了不悦，训斥儿子说：“你嫌我脚大给你丢面子，你爹还没嫌我脚大呢。没有我这大脚老太婆哪有你们兄弟的今天!”儿子赶紧赔罪。路上行人见这双大脚（据说足有一尺多长）都暗暗称奇!

西太后召见她时，她依然穿着平时在家穿的衣裳，大方朴实，西太后从没见过妇女有这么一双大脚，感到稀奇。她想贵人自有福相，怪不得这黑老太太的六个儿子都在朝为官，便说：“你是有福之人，南七省北六省的福气都在你这双大脚上。我愿与你结为姊妹。”于是黑老太结上了皇亲，于钟霖兄弟成了御外甥。黑老太死后获御赐龙头凤尾大杠，半朝銮驾，由北京一直护送到太平川老家安葬。黑老太以一个农妇的身份，育子成才，振兴家业，在吉林省传为美谈，从此妇女更以脚大自豪。从满汉通婚角度看，满族也不娶小脚娘。宫廷皇族也禁娶汉族小脚女人。所以汉族妇女缠足陋俗在吉林省影响极小，而移民或逃荒来东北的汉族妇女又靠劳动为生，势必更不能缠足，所以吉林省除个别老年妇女原自关内既缠足外，其他人到东北后受当地风俗影响，很少有缠足者。满族女子的旗袍，以省料、简便、大方，且能突现女性体形美为特点，至今传遍全国，成为有代表性的民族服装，甚至为世界女性所喜爱。

听瞎话

注　释

①《太平御览》卷七百八十四。

②《后汉书·乌桓鲜卑列传》。

③《三国志·魏书·乌丸鲜卑东夷传》。

④王季平主编:《长白山志》,吉林文史出版社,1989,第412页。

⑤王季平主编:《长白山志》,吉林文史出版社,1989,第411页。

⑥出自《清高宗乾隆皇帝御制全韵诗》。

⑦原文出自《诗经·商颂·玄鸟》。

⑧武默纳、费耀色等前往长白山拜谒,撰《祭告长白山文》。

⑨《金史》卷三十五。

⑩施立学:《天窟地根长白山 满族文化神山圣岳》,吉林省民俗学会编选《民俗卷》,2014年9月。

⑪《盛京通志》卷三,第36-37页。

⑫《圣祖仁皇帝御制文集·四集》卷二七。

⑬施立学:《天窟地根长白山 满族文化神山圣岳》,吉林省民俗学会编选《民俗卷》,2014年9月。

⑭郭崇林、周承武、李世昌、尹树凤编纂:《中国歌谣集成·黑龙江卷》,中国ISBN中心,2007。

⑮杨义健率:《满族萨满神歌的研究》,硕士学位论文,东北师范大学,2013。

踩格子

第二章　生产民俗

东北气候寒冷，物产丰富，生产方式多种多样，极具东北地域特点。按照地区生产方式，本章分农耕民俗、渔猎民俗、采集民俗、林牧民俗四节叙述。

第一节　农耕民俗

东北过去大多是北方少数民族游牧之地，但受“三十六行，种地为上”“贵五谷而贱金玉”的农业文化传统影响，近百年来已由游牧之地变为典型的农业基地。农业人口占绝大多数，其重要性不言而喻。民间俗曲《十女夸夫》中这样唱道：“万般不如庄稼好，你们听我言一回：种上一升打五斗，种上一斗打一堆，秋收冬藏其乐事，奉上钱粮诸事没，后稷本是农人祖，我们祖师是高贵……”在东北，奉后稷为掌管稻、黍、稷、麦、菽的五谷神，表现在农耕生产方面的习俗尤为集中。

一、社祭与打春牛

立春为四时之始，它标志着冬季的结束和春季的开始，自古以来，都以其为重要节日。据《礼记·月令》记载：周天子以立春之日，亲率公卿诸侯大夫迎春于东郊，行布德施惠之令。《汉书·郊祀志》载：“迎春祭青帝、勾芒，百官衣皆青。郡国县官，下至令史，服青帻。”一般来说，人们这天到外走动一次，谓之“迎春”，或叫“接春”。人们三五成群，出村庄往东走，

穿红眼

不拘多远，只要遇到穿红衣、戴红帽、披红围巾或者提红皮袄的人，就算迎到春了。

吉林《辑（集）安县志》（民国二十年修）曾记载：“立春前一日，在东郊搭席棚二：一为县官吃茶之所，并置纸扎牛一、芒神一，手执柳条鞭一，其牛色、神衣照每年历书更换不一；二为右堂及士绅休息之所。至是日，县官亲率僚属、士绅、各警甲军队排列而行，并令一人扮春童，其衣服如演戏扮马童装束，令骑马先至东郊。俟出城门后，即乘马速行，迎面而来，至县官轿前行礼，即曰‘一报风调雨顺’。县官赏钱，即乘马速回。俟县官行到中途，又与前同，至轿前行礼，即曰‘二报国泰民安’。又赏。再俟县官将到棚处，又三报‘新春来到’。赏如前同。县官下棚少息。至时刻，衣公服，祭芒神。以柳条击牛三匝。”

芒神即勾芒神，被扎成少壮形象，手持鞭子，身着红衣，腰扎黑带，头戴草帽，脚穿芒鞋（草鞋），精神威武。过去吉林民间所扎的春牛和芒神都是有固定尺寸的。芒神身高三尺六寸五分，象征每年三百六十五天，天天都是好日子，一年丰收。鞭子需要用柳条做，具有春天的气息，且满族崇拜柳树。鞭长二尺四寸，代表一年二十四个节气，结子用麻，染成五种颜色，预示一年二十四节，节节丰收。也有扎两个芒神的，春牛两侧一边一个，右者摆在春牛耳前，左者摆在春牛耳后，芒神穿鞋戴帽，一样不能少。扎完芒神，晚上立于春牛后边。

春牛以秫秸为骨架，以彩纸为皮毛。春牛身高四尺，象征一年四季；长八尺，象征八节；尾巴一尺，象征一岁；牛头二寸，象征寒暑；牛舌为红，腹为青，角为红，四蹄为黑，笼头用紫色麻绳，象征五色。立春这天，众官齐集署前，把春牛运到城门高地，挖一个大坑，放几根鸡毛进去。据说鸡毛会自己从坑里飞出来。这时人们大喊大叫：“春来了，春来了!”由带队长者手执春鞭，鞭打春牛，并口念颂词：

一打风调雨顺，二打土肥地暄，
三打三阳开泰，四打四季平安，
五打五谷丰登，六打六合同春，
七打七星高照，八打八节康宁，
九打九九归一，十打天下太平。

人们从芒神和土牛排列的前后顺序来看农事的早晚。如果立春在腊月望，则芒神在牛后，鞭及牛腹，以示农作早；在正月望，则芒神在牛前，鞭及牛膝，以示农晚，因此芒神也被称作“拗芒”。看它戴帽示春暖，光头则示春寒，穿鞋则示春雨多，赤脚则示春雨少。演完

歇气

春，土牛被打得稀碎，人们争抢春牛头，谁先抢到谁吉祥，谓之“抢春”；也有抢春牛土回家抹锅台或炕墙的，以为可避虫蚁。孩子们争抢着牛腹中的糖果，认为可保一年甜蜜。

二、人畜日与龙凤日

在东北，正月往往被民间赋予各种特殊的意义。人们认为，可以根据正月初一到初十的天气情况预知一年中人畜是否兴旺。吉林俗谚云：“一鸡，二鸭，三猫，四狗，五猪，六羊，七人，八马，九米，十成（成熟、成年、成人）。”此与千余年前《北史·魏收传》引晋议郎董勋《答问礼俗说》载“正月一日为鸡、二日为狗、三日为猪、四日为羊、五日为牛、六日为马、七日为人”略有差别，这是由于在长期流传过程中，根据地区生产特点和民众心理变化而有所增改。

初一是鸡日，这天天气晴朗，预示一年中鸡类大繁衍，不许杀鸡。鸡领先，颇有“雄鸡一声天下白”的意味。

依次排列，初七属人日，是日天气晴朗，预示人丁兴旺，不许行刑。《燕京岁时记》中说：“初七谓之人日，是日天气清明者，则人生繁衍。”每逢人日，人们以七种菜做羹，用彩布剪成人形，或镂刻金箔为人状，贴于屏风或戴于头上，象征祥瑞。历代诗人于人日感时抒怀，多有佳作。如隋代薛道衡《人日思归》：“入春才七日，离家已二年，人归落雁后，思发在花前。”

至于二鸭、三猫、四狗是顺口加的。九米、十成，即指初九、初十天气好，预示一年粮食丰收，也祈望“九子十成”，反映了望子成龙的民众心理。

关于气候好坏与农业丰歉的关系，吉林民间还有一年四个龙凤日的传说：正月二十五为第一个龙凤日（亦称“龙封日”），认为是天上的龙考察民间的日子。视人间对五谷祈盼的程度来投以年头丰歉。

是日有填仓之俗。一说以酒食饱腹为填仓；一说以灰画囤于地，置谷少许于内，象征圆仓，亦称“填仓”。是日忌缝纫，怕伤龙目，子女皆佩戴龙尾。龙尾者，裁五色布为方或圆或三角形，以线串之，间以蒿秆，象征龙形，佩之以为吉利。是日还有刮南风兆丰年之说，人们认为这天的天气，能影响以后三个月的天气。

收苞米

农历四月二十五是第二个龙凤日，这一日人们最喜欢无风无云的大晴天，最怕阴雨连绵刮东北风。传说这一天天气的好坏会影响到农历七月十五之前的天气。一年生产的成败，关键靠这一天的天气来测定，民间每逢四月二十五，人们都有起早看风向的习惯。

农历七月二十五为第三个龙凤日。这一天最怕下雨，谚云："七月十五看旱涝，八月十五定收成。"七月末八月初正是"晒红米"的时节，所以第三个龙凤日最怕阴天下雨。

农历十月二十五为第四个龙凤日。传说，这日天气的好坏，一直影响到第二年正月二十五之前的天气。由于一年的收成此时已定，所以人们对最后一个龙凤日不予重视。

三、二十四节气

春雨惊春清谷天，夏满芒夏暑相连。
秋处露秋寒霜降，冬雪雪冬小大寒。

"古人立国，以测天为急……察悬象之运行，示人民以法守。"二十四节气是民众的生产生活日用文化，每个节气都表示着时候、气候、物候，不仅在农业生产方面起着指导作用，还影响着古人的衣食住行，甚至是文化观念。作为中华传统文化不可或缺的组成部分，二十四节气迄今仍在人们的生产生活中发挥着重要作用。

二十四节气，窥测天文。浩浩苍天，湛湛星空，幽远深邃，要说哪一颗星座引领四时，当然是北斗七星。她先以长长斗柄，指向东南西北，人间遂现春夏秋冬；地球围绕太阳公转，一年转一圈360°，每丈量15°为一节气。"四立"：立春、立夏、立秋、立冬，为春、夏、秋、冬四季开始。《月令七十二候集解》："立，建始也……"其农业意义为"春种、夏长、秋收、冬藏"；冬至、夏至，最长与最短的昼与夜；春分、秋分，平分日月而均寒暑，乃八节。

二十八星宿助阵，经纬天宇。《天文节候躔次全图》中有关于立春的星图歌谣："正月节，是立春，昏时天囷稀苍旻，初更天苑昴毕上，二鼓天狼近老人，夜正半，鬼柳星，微垣帝座四鼓升，鸡鸣角亢伴大角，氐星朗处天将明。"顾炎武曾在《日知录》中说："七月流火，农夫之辞也；三星在户，妇人之语也；月离于毕，戍卒之作也；龙尾伏辰，儿童之谣也。"古时，三代之上，人人皆识天文，二十四节气应运而生。

二十四节气，内存七十二候。每个节气十五天，如何察秋毫之末，辨析三候？

铡草

一察气象变化之万千，看天地间如何推出风、雨、雷、电、水、虹、露、霜、冰、雪。

风，天之偏气，怒者为风。立春东风解冻，小暑微风至，立秋凉风起。

雨，地气升为云，天气降为雨。獭祭鱼，鸿雁来，草木萌动为雨水。雨水时节，气温回升，冰雪融化，降水增多。作为对这一时节降水现象的反映，“雨水”之名从此而来。谷雨的名称源自古人的“雨生百谷”之说，这时田中的秧苗初插、作物新种，最需要雨水的滋润，所以有“春雨贵如油”之说。大雨行时，离明之极，幽类化明，至微之物亦化而为明，为大暑。

雷，阴阳相薄，感而为雷，激而为霆。雷，二月发声，至秋分而收声。未过惊蛰先打雷，四十九天云不开。春雷响，万物长。雷出一百八十日，万物荣，雷入一百八十日，万物歇。雷入地则万物随入也。

电，雷乃发生，始电，为春分。

水，水是金汤玉浆，灌满粮囤谷仓。水本气之所为，春夏气至故长，秋冬气返故涸也。潦水尽而寒潭清，水涸乃秋分。水泉动为冬至。

虹，虹始见为清明。虹藏不见，天腾地降，闭塞成冬，为小雪。

露，气肃而凝，露结为霜，乃霜降。

冰，出门冰上走，为小寒。水泽腹坚，即水域中的冰结实、坚厚，一直冻到水中央，为大寒。

雪，清明断雪，谷雨断霜。雨下而为寒气所薄，故凝而为雪，小者未盛之辞。小雪封了地，大雪河碴严。《月令七十二候集解》：“十一月节，大者，盛也，至此而雪盛矣。”

二察物候，看花、草、林木、鸟、兽、虫、鱼等对于节候的反应。

花，桃始华，为惊蛰。桐始华，为清明。菊有黄华为寒露。

草木，草木萌动，为雨水。腐草为萤，为大暑。浮萍生，为谷雨。王瓜生，为立夏。苦菜秀，靡草死，为小满。半夏生，为夏至。

一叶忽先萎，为立秋。暑藏禾登，为处暑。草木黄落，为霜降。荔挺出，为大雪。

鸟，毛羽者，飞行之类也，故属于阳。鸿雁来，为雨水。鸧鹒（黄鹂）鸣，鹰化为鸠为惊蛰。元鸟至为春分。鸣鸠拂羽，戴胜降于桑为谷雨。鹏始鸣，反舌鸟无声，为芒种。鹰始挚，即老鹰在高空中清凉，为小暑。鹰乃祭鸟，即老鹰开始大量捕猎鸟类，为处暑。鸿雁来，玄鸟归，群鸟养羞，即贮存干果、粮食、花种、昆虫之属，以备过冬美食，为白露。鸿雁来宾，即鸿

碾房

雁排成一或人字大举南迁。

雀入大水为蛤。雀鸟不见了，古人在海边见到蛤蜊，见其条纹及颜色与雀鸟相似，怀疑为雀鸟化身，此时为寒露。鹖鸥不鸣为大雪。雁北乡，鹊始巢，雉始鸲，即雁避热而向北飞，漂亮的雉鸟感阳气回升而鸣叫起来，为小寒。鸡始乳，孵小鸡，征鸟厉疾，即鹰隼盘旋于空捕捉食物，为大寒。

兽，田鼠化为鹌乃清明。豺乃祭兽即豺狼将捕获的猎物，先陈列后再食用，为霜降。虎始交为大雪。

虫鱼，蛰虫始振，鱼陟负冰，为立春。蝼蝈鸣，蚯蚓出为立夏。螳螂生为芒种。蝉始鸣为夏至。蟋蟀居宇为小暑，腐草为萤为大暑，寒蝉鸣为立秋，蛰虫坯户即用细土封垒洞口为秋分，蚯蚓结为小寒。

三察阴阳之含吐。

《淮南子·天文训》载："天地之袭精为阴阳，阴阳之专精为四时，四时之散精为万物。积阳之热气生火，火气之精者为日；积阴之寒气为水，水气之精者为月；日月之淫为精者为星辰，天受日月星辰，地受水潦尘埃。"《恪遵宪度抄本》："日北至，日长之至，日影短至，故曰夏至。至者，极也。"《大戴礼记·曾子天圆》："天道曰圆，地道曰方，方曰幽而圆曰明；明者吐气者也，是故外景；幽者含气者也，是故内景，故火曰外景，而金水内景，吐气者施而含气者化，是以阳施而阴化也。阳之精气曰神，阴之精气曰灵；神灵者，品物之本也。"夏至日阴气生而阳气始衰。雄知了在夏至后因感阴气之生便鼓翼而鸣；半夏是一种喜阴的药草，因在仲夏的沼泽地或水田中出生所以得名。鹿角解，鹿角朝前生，属阳，感夏至一阴生而脱落。阳气收敛，阴精潜藏，早卧早起，与鸡俱兴为寒露。阴极之至，阳气始至，日行南至，乃是冬至。麋角解，麋与鹿，一阴一阳，麋角朝后生属阴，感冬至一阳生而脱落。

二十四节气，农耕圭臬。春为一岁之首，农为百行之先。神农氏尝百草分五谷，农业开始，前三皇后五帝都把农业提到朝议上。一岁农耕从寒收北陆，气转东郊，周朝天子立春日，亲率三公九卿诸侯大夫，到东方八里之郊迎春，打春牛，祈求丰收。四立二分二至，为二十四节气之经纬。周天子始，每"立"之日，都要到东西南北郊外，举行迎祭活动。立夏节气，古人称："斗指东南，维为立夏，万物至此皆长大，故名立夏也。""孟夏之日，天地始交，万物并秀。"这一天在天文历法上，太阳行至黄经45°。《礼记·月令》记载："立夏之日，迎夏于南

踢茬管

郊，祭赤帝祝融。”夏天，万物繁茂。《月令七十二候集解》中说：“夏，假也，物至此皆假大也。”“假”，即“大”，夏季“万物并秀”，蓬勃长大。出于对司夏之神的敬畏与对夏粮丰收的祈望，周天子要亲率三公、九卿、大夫到都城南郊迎夏。君臣皆着朱色礼服，配朱色玉佩，马匹、车旗均为朱红色。

《山海经》上说，祝融“兽面人身，乘二龙”，祝融奏《九天》乐曲，在天地间回荡，居于衡山，传下火种，教会人类用火。“乡村四月闲人少，才了蚕桑又插田。”

祭祀归来，天子还要出行田野，慰劳农夫，令司徒官去各地巡视，督促耕作。

太阳到达黄经135° 时为立秋。《后汉书·祭祀志》载：“立秋之日，迎秋于西郊，祭白帝蓐收，车旗服饰皆白，歌《西皓》，八佾舞《育命》之舞。”传说蓐收是秋神，左耳有蛇，乘两条龙，是白帝少皋的辅佐神。亦有人说蓐收是白帝之子，司秋。《淮南子·天文训》中的“蓐收民曲尺掌管秋天……”就是说蓐收分管的主要是秋收科藏的事并有天子入圃射牲，以荐宗庙之礼，名曰“貙刘”。杀兽以祭，表示秋来耀武之意。

到了唐代，每逢立秋日，朝廷也祭祀黄帝、颛顼、帝喾、尧、舜等五帝。《新唐书·礼乐志》云：“立秋立冬祀五帝于四郊。”《临安岁时记》记载，宋代立秋之日，男女都戴楸叶，以应时序。

太阳到达黄经225° 为立冬。《月令七十二候集解》中对“冬”的解释是：“冬，终也，万物收藏也。”秋季作物收晒完毕，收藏入库，动物也已藏起来准备冬眠。《吕氏春秋·孟冬》载：“是月也，以立冬。先立冬三日，太史谒之天子，曰：‘某日立冬，盛德在水。’天子乃斋。立冬之日，天子亲率三公九卿大夫以迎冬于北郊。”

《淮南子·天文训》载：“子午、卯酉为二绳，丑寅、辰巳、未申、戌亥为四钩。”子午、卯酉像两条直绳，丑与寅、辰与巳、未与申、戌与亥相互勾连，划分出春分与秋分，夏至与冬至。据《帝京岁时纪胜》记载，有春分祭日、夏至祭地、秋分祭月、冬至祭天的习俗，其祭祀的场所称为日坛、地坛、月坛、天坛，分设在东南西北四个方向。春分祭日，秋分祭月，一向被视为国家大祭。春分，春季九十天的中分点，太阳位于黄经0° 。这天太阳直射地球赤道，南北半球季节相反，北半球是春分，南半球是秋分。《月令七十二候集解》：“二月中，分者半也，此当九十日之半，故谓之分。秋同义。”

春分有个竖蛋习俗，是一个小小的椭圆形（鸡蛋）与一个大大的椭圆形（地球）的对话，

打场

是对“二月春分八月秋分昼夜不长不短，三年一闰五年两闰阴阳无差无错”真伪的重要测评。《礼记》载：“天子春朝日，秋夕月。朝日之朝，夕月之夕。”这里的“夕月之夕”，指的就是夜晚祭祀月亮。农历八月的日子每年不同，不一定都有圆月。而祭月无月则是大煞风景的。所以，后来就将“祭月节”由“秋分”调至中秋。

夏至后，太阳直射地面的位置逐渐南移，北半球的白昼日渐缩短。民间有“吃过夏至面，一天短一线”的说法。《淮南子·天文训》：“日夏至则斗南中绳，阳气极，阴气萌，故曰：夏至为刑。”夏至，斗柄指向南面，阳气达到顶点，阴气开始萌生，所以说，夏至产生肃杀之气。夏至日阴气生而阳气始衰：在炎热的仲夏，一些喜阴的生物开始出现，而喜阳的生物却开始衰退了。至清代，每逢夏至，大祀方泽，乃国家大典。“日冬至则北斗中绳，阴气极，阳气萌。故曰：冬至为德。”阴气极则北至北极，阳气极则南至南极。《清嘉录》认为，冬至是阴阳二气的转换，是上天赐予的福气。自冬至起，天地阳气兴作，代表下一个循环开始，冬至乃大吉之日。因此，汉代以冬至为“冬节”，官府举行祝贺仪式称为“贺冬”，官方例行放假，官场流行互贺的“拜冬”礼俗。《后汉书》载：“冬至前后，君子安身静体，百官绝事，不听政，择吉辰而后省事。”魏晋南北朝时，冬至称为“亚岁”，民众要向父母长辈拜节；宋朝以后，冬至逐渐成为祭祀祖先和神灵的节庆日。冬至又被称为“小年”。“冬至郊天”，乃奏黄钟，歌大吕，舞云门，为明、清两代祭天大典，布德令以施惠兆民。历朝历代四时八节对天地的祭祀，都是祈望上天佑护、天下太平、五谷丰登。

二十四节气是田园文化的“天工开物”，是农耕文明的“百科全书”，指导着人们的生产和生活。

“立春阳气转，雨水沿河边。”农耕立国，昭示人们，春日降临，耕犁务勤，风调雨顺，利国利民。东汉崔寔《四民月令》记载：“清明节，命蚕妾，治蚕室。”清明节到了，要准备养蚕了。“清明前后，点瓜种豆。植树造林，莫过清明。清明忙种麦，谷雨种大田。立夏到小满，种啥都不晚。过了芒种，不可强种。”此段话意在提示人们要不违农时。

“夏至棉田草，胜如毒蛇咬。大暑无酷热，五谷多不结。大暑连天阴，遍地出黄金。”在“大暑小暑，有米不愿回家煮”的酷热之下，人们尤为关注稼穑。“立秋忙打靛，处暑动刀镰。头伏芝麻二伏豆，晚粟种到立秋后。立秋三日晴，高粱穗变红。立秋荞麦白露花，寒露荞麦收到家。白露烟上架，秋分无生田。秋分白云朵，处处好田禾。”强调立秋后农事依然

悠荡棒

重要。

“寒露收割完，霜降把地翻。寒露到立冬，翻地冻死虫。今年麦盖一层被，来年枕着馒头睡。”畅想又一岁丰稔。

二十四节气，也关联顺天应时的饮食养生。“萝卜上了街，药铺不用开。头伏饺子二伏面，三伏烙饼摊鸡蛋。冬补三九，夏补三伏。白露身不露，寒露脚不露。冬至进补，开春打虎。”“气始于冬至”，冬至是养生的大好时机，从冬季开始，生命活动由盛转衰，由动转静。此时科学养生有助于保证旺盛的精力而防早衰，达到延年益寿的目的。

江南水乡春风早，北国阡陌花开迟。风俗南北殊异，文化各领风骚，清代马如飞《二十四节气与戏剧》中写道：“西园梅放立春先，云镇霄光雨水连，惊蛰初交河跃鲤，春分蝴蝶梦花间，清明时放风筝好，谷雨西厢宜养蚕，牡丹立夏花零落，玉簪小满布庭前，隔溪芒种渔家乐，义侠同耕夏至田，小暑白罗衫着体，望江亭大暑对风眠，立秋向日葵花放，处暑西楼听晚蝉，翡翠园中沾白露，秋分折桂月华天……立冬畅饮麒麟阁，绣襦小雪咏诗篇，幽阁大雪红炉暖，冬至琵琶懒去弹，小寒高卧邯郸梦，一捧雪飘交大寒。”

二十四节气，是在尊重自然、效法自然、利用自然中，唱出的一首意境幽远的中华农耕文明歌谣，描绘了一幅色彩缤纷的九州田园画卷，是古人礼仪乾坤，在散发着泥土芬芳的垅亩间，以洞穿历史的智慧之灵光，牢笼天地，弹压山川，含吐阴阳，伸曳四时，纪网八极，经纬六合，获得足以识天象、察物候、定时令、资稼穑的农耕重器；两千年来一直是国家行政的时间准绳，可匹造纸术、指南针、火药、活字印刷术，堪称中国“第五大发明”，其天人合一的理念，作为中国文化精髓，早就强有力地推进了世界人类文明进程。

二十四节气是民间传统生产节令，亦是两千年来从农业实践中总结出来的指导生产的日历，民间把它编成歌谣，好懂易记。除南北地区略有差别外，至今无大变化，仍有指导生产的意义，如《吉林二十四节气歌》：

打春阳气转，雨水沿河边。
惊蛰乌鸦叫，春分地皮干。
清明忙种麦，谷雨种大田。
立夏鹅毛住，小满雀来全。
芒种五月节，夏至不纳棉。

打羊草

小暑不算热，大暑三伏天。
立秋忙打靛，处暑动刀镰。
白露烟上架，秋分无生田。
寒露不算冷，霜降变了天。
立冬交十月，小雪地封严。
小寒杀年猪，大寒过后又一年。

第二节　渔猎民俗

吉林省长白山，山岭起伏，江河密布，物产丰饶，自然条件十分优越。从远古到现在，渔猎活动一直是人们维持生活的重要手段，凡此都可以从众多的文化习俗中得到反映。

一、乌拉街与贡物文化

吉林省得名于吉林乌拉，满语“沿江的城”，后舍乌拉而为吉林。吉林乌拉，书写过16世纪到20世纪初500年间，东北历史与地域文化最辉煌的篇章。明嘉靖四十年（1561），乌拉曾为海西女真扈伦四部之一（与叶赫、哈达、辉发并称）。据《明实录》记载：“乌拉国本名扈伦，姓纳喇，后因建国乌拉河岸，故名乌拉国。”纳齐布禄第六世孙布颜，征服乌拉诸部，称王于乌拉河岸洪尼罗城（今旧街村），建立了疆域辽阔的乌拉国。

清顺治十四年（1657），清廷内务府在乌拉街设立了打牲总管衙门，这是与当地将军衙门和副都统衙门无涉的四个朝贡衙门之一（与江宁、苏州织造、杭州手工业生产朝贡机构并称），为三品大员督管的农副业特产朝贡机构。从清天聪三年（1629）皇太极在乌拉设“嘎善达（嘎善，满语，乡、村；达，满语，长）”行政机构，到1912年朝贡停止，设乌拉旗务筹办分

捞大耙

处，历283年。打牲乌拉满语为布特哈乌拉，汉译为江河渔猎之地。据史料记载，当时清廷所需，除丝绸来自江浙，搪瓷来自景德镇外，地方风物差不多均出自打牲乌拉总管衙门，故被称为清廷“第二后勤部”，是“关东三宝”——人参、貂皮、乌拉草外，东珠、鳇鱼、海东青、松子等几百种贡物的集合地。

打牲乌拉总管衙门将地广人稀的东北，包括黑龙江、乌苏里江在内的许多河、山，确定为贡河、贡山，在两个半世纪之多的时光里，培养、采集并源源不断地向清廷进献了800余种天上飞、水里游、岩石生、草间长的贡品，展示了东北独具特色的风物资源。从精致采集、土法加工到隆重送贡，创造了中华文化史上特有的乌拉贡物文化。

吉林乌拉依托长白山宗脉，物华天宝，万物滋生。

乌拉贡品之最为东珠，是天生尤物，也称北珠。是时，吉林城南至松花江源两岸分出捕珠河二十三道，能见到大如鹅卵、长可经寸的明珠或大如簸箕的千年老蚌，内蕴东珠，浅黄，浑圆，光彩晶莹。[①]清廷“以东珠为至宝”，据《大清会典》记载：皇冠镶嵌25颗东珠，朝珠由108颗东珠串成。《班禅朝觐图》上，清乾隆朝冠、朝带等装饰东珠245颗。据说西太后离世时，七窍皆塞东珠，希望永远不腐。

早年，东北地区盛产珍珠，这里的珍珠粒大、色好、品种纯正，号称“东珠”，主要是用来给朝廷进贡的。每年一进入阴历四月，“打珠子”的打牲丁在“珠轩达”（负责采珠子的头人）的带领之下，乘船开往珠子采捕地区，一住就是半年，到秋季八月末或九月初方可回家。江河采珠是很苦的活计。北方江河水凉水深，采珠子又多在夜里。当明月把天空照亮，天上的星星出全之时，就到了捕珠的时刻。

“打牲丁”要走出窝棚，乘船来到江上，一人用长木杆插入水流之中，蛤蜊多的地方往往可以听到“咬杆”的声音，这其实是蛤蜊碰撞木杆的声音。水性好的“打牲丁”就腰系绳子，一头潜进水中，捞取蛤蜊，提回船上。有时潜入水里，往往受伤，甚至丧命。如果时辰一过还不见江中有动静，船上的人就要赶紧拉绳救人。

《鸡林旧闻录》载：“前清时，乌拉总管旗署，设有珠子柜，采取者有专役，名曰珠轩，十人或八人为一排，腰系绳索，每当仲秋入河掏摸，以备贡品。”如若私人采珠，被巡查河口的兵丁发现，就要打入死牢。朝廷每年派人在盛产珍珠的松花江上游和牡丹江上游巡查，一发现有蛤蜊肉和蛤蜊皮，立刻追查，被查获者被定为“私采罪”，往往全家受罚。

采东珠

当年，关东江河里蛤蜊甚多。一到采珠季节，江底的沙地上，蛤蜊一排一排地插在那儿，“打牲丁”依次拾起来，拿到岸上用热水轻轻一烫，就可以取珠了。一般的蛤蜊里都有珠子，多的可达数颗，但往往小珠居多，大而且圆润的珠子，几十个蛤蜊里才能碰上一两颗。一次，一个猎户在暖江旁发现干涸了的河床突然涨水，波浪滔天，又听见水声“鼓叫聒耳”，甚觉惊奇，他追赶着河水走了一段，水却不见了，只见江底里有一个大蛤，其大如箕。他不敢靠前。用枪打，蛤不动。人取，蛤里有一明珠，长有寸大，系在腰中，尘不能近身。[②]当年，关东水域每每发现此类大珠。另据古籍载，在潮湿的江湾水滩，常有大蛤自动浮上岸，蛤里有大珠。有一次，清骑兵奉命夜渡富尔河（今古洞河支流），只见河中亮光点点，好似落满群星，将士们觉得十分奇怪。军令在身，将士们不能停留，只好快马加鞭，顶着圆月，渡过河水。来到对岸，将士们回望江水，仍是亮光闪闪，一片辉煌。这群将士乘马回营后，白旗军中一位叫富尔汗的人对同旗人牛录说：“我们刚刚淌过的富尔河，盛产珠珍，今天晚上我们看到的闪闪亮光，很可能是珍珠的光芒，我们有时间可以去采些珍珠。”牛录一听就率本队的将士返回富尔河。他们顺着亮光探采，果然捡到蛤蜊。打开蚌壳一看，里面全是珍珠。大家在富尔河上欢呼不止，尽力捕蚌采珍，这儿的东珠成色好，大的如鸽子蛋一般。直到太阳升起，河上不见亮光，大家才收兵回营。

关于关东采珠，乾隆帝曾作《采珠行》，诗云：

圆流育蚌清且沦，元珠素出东海滨。
旗丁泅采世其业，授餐支饷居虞村。
我来各欲献其技，水寒冻肌非所论。
赐酒向火令一试，精神踊跃起常伦。[③]

吉林东珠的质量远比岭南北海产的珠子要好，而且很珍贵，所以东珠无论个头大小，都要进贡朝廷。宫廷里的嫔妃宫女，专以东珠作装饰或入药等。每年，东珠的进贡量很大。从乾隆年间（1736—1795）到清末，朝廷每年都增加“打牲丁”的人数，收珠数量屡屡加大。据《打牲乌拉典志全书》记载，乾隆九年（1744），朝廷甚至下令“将挖参之三百人裁撤，归并捕珠丁内”。东珠的美称已传遍世界，闻名西方。据说慈禧太后头上戴的那颗紫珍珠就是吉林的东珠，她还亲手把一颗重一百克拉（4钱）的乳白色东珠赠送给伊丽莎白二世。当年，进贡东珠的关东贡车还没进紫禁城的保和殿，宫中嫔妃们的亲信便已等在那里，以便挑选中意

卖公粮

的东珠。吉林东珠早已在历史上留下了光辉的一页，今天很多人只知关东盛产人参、貂皮，很少人知道关东曾盛产东珠，但我们只要翻开关东开发史，一听那些“珍珠河”“珠子门”等地名，便会对东北盛产珍珠的历史有所了解了。

鳇鱼是打牲乌拉的主要贡品之一，鳇鱼是珍品亦是圣物。鳇鱼色黄白，大者重3000斤，长达数米，宛若一条金龙。

相传，从康熙起，清朝每一帝登基，都要脚踏鳇鱼，象征金龙坐金銮殿。鳇鱼又有祭祀天坛及祭奉先祖各殿之用。④鳇鱼为软骨鱼，食用感觉无骨，无刺，无鳞，鲜而不腥，脆香适口。“利五脏肥美人”，其肉丰美人，健脑强身。墨绿色的鱼子，晶莹闪烁，绿豆粒大小，营养价值高。

清乾隆皇帝《松子》诗云：“窝集林中各种松，中生果者亦稀逢。大云遥望铺一色，宝塔近瞻涌几重。鳞切蚌含形磊落，三棱五粒味甘浓。偓佺曾遗尧弗受，小矣子房学步踪。”松子是结在黑松和黄松上的果实。松子仁醇香甜美，是制造糕点必不可少的调味品。清朝，松子作为御膳用品，是每年必进的贡品，常用来祭祀陵寝和供奉九祖佛堂。⑤其他如鹿、麋、貂、虎、豹、熊罴、獐、狍、野猪、水獭、田鸡、飞龙以及榆黄蘑、木耳、寒葱、蜂蜜等，皆为打牲乌拉贡物珍品。

打牲乌拉不可忘却两座名楼，一是打渔楼，距乌拉街10里之遥，靠近松花江北岸。

据满族文史专家付宝仁介绍，打渔楼始建于清康熙初年，为青砖小瓦滚脊翘檐的两层楼，唯前侧有窗与门，檐侧下置石鼓，上有雕花雀替。楼上层建有前伸的护栏，下层左侧安装有上下楼的木梯。当年，楼上主祀四海龙王，楼下是封江后、开江前存放围捕鲟鳇鱼大鱼网的地方。楼下两侧各建有东西厢房6间，打牲衙门派领催、珠轩达率几十名渔丁常年驻守。打渔楼，雕梁彩绘，在烟波树影里，临江起楼，景色绝佳。清康熙、乾隆皇帝两次东巡吉林都到打渔楼，视察渔丁捕捉硕大的鲟鳇鱼，并都留有脍炙人口的诗篇。“当贡鲟鳇筑一楼，临江晓起景偏幽。网堆舵尾渔翁睡，月隐林梢兔魄收。水扑朝烟笼四角，山含晨气阔中流。任他波浪连天涌，我在齐云最上头。”⑥

二是果子楼，隶属吉林将军衙门户司管理，总司吉林贡品的采摘、购办、储存和呈进，同时负责界内贡山、贡河及围场的管理。

打猎

二、东北皇家御围场与贡物文化

清入关统一全国后，天下太平，兵戈休矣，旗人渐疏骑射。为保持满洲八旗跃马弯弓，纵横驰骋，研习武备，亦防渐染汉习，清廷先后在京畿永定门外设置了南苑围场和热河木兰围场。

在东北，改沈阳为陪都，称“盛京”，管理东北地方。将钟灵毓秀的长白山及其附近地区，视为清龙兴之地、爱新觉罗氏兴邦建业的发祥之地，设置了封禁近三个世纪的盛京围场、吉林围场、北部岳尔索济围场。

（一）东北皇家御围场的形成与规制

清代，东北地广人稀，到处是一望无际的大森林，这里是虎豹的巢穴、豺狼的渊薮，獐狍麋鹿、狐兔貂熊，各种野兽，出没其间，是打猎的好地方。据光绪三十四年（1908）版《西安乡土志》载：“国朝天命四年，灭叶赫后设大围场。”《东三省攻略》中也说：“天命四年九月壬申，克叶赫东城，降西城，设盛京围场协领管守。”天命四年（1619），努尔哈赤于叶赫故地初创东北围场。1619年农历九月，努尔哈赤在盛京（沈阳）召集贝勒皇太极、代善、阿敏、莽古尔泰，大臣额尔都、费项东、何和礼等人议事，言：“初势已定，武备不可稍息，拟开大围场，以狩猎操演八旗卒徒武艺。”为了保住基业领地，决定封禁西丰、东丰、东辽、辉南、海龙等五县区域，建立大围场。

天聪、崇德年间，清太宗皇太极经常至围场狩猎。天聪六年（1632）十月丁亥，皇太极“率诸贝勒出地载门，往猎于叶赫地方”。翌年十二月辛亥，“上率诸贝勒往猎于叶赫地方”。崇德二年（1637）闰四月乙卯，“上率诸王往猎于叶赫地方”。

清代有西“木兰”，东“盛京”之说。西“木兰”，即木兰围场，位于河北省承德市围场满族蒙古族自治县西北部，是清代皇家猎苑；东“盛京”，即盛京围场，康熙、乾隆两朝，将现今海龙、辉南、东丰、东辽（西安县）西丰等5县，辟为盛京围场。

因盛京围场开禁设治时间先后不同及以流水分界，各县所属的围数多少不一。如海龙、辉南20围，东丰22围，西安9围，西丰35围半（惯称36围），此外还有界线不清的18围，共划105围，统归盛京管辖，称“盛京围场”。“南自沙河尔郎头三通河沿岸起，北至阿机格色合

捋粪

勒北伊通河沿止，480余里；东从辉发城起，至西北山音哈达交界封堆（天德乡境内）止，510余里；西南自英额门起，东北至巴珠勒阿林（东丰与伊通交界）止，520余里。”[7]连同吉林围场，几近六万平方公里。

盛京围场有五种用途：御围，供皇帝巡幸狩猎用；王多罗束围，供盛京内务府年年采捕进贡猎物；鲜围，以猎取熊胆、鹿茸、麝香、貂皮、野味为主；历年应捕围，为历年轮捕和八旗官兵演练之用，秋打小围，猎取飞禽，冬打大围，猎走兽；穹远围，地处偏远，不宜狩猎，用以繁殖禽兽。

（二）围场开围与废围

1. 声势浩大的皇家围猎

位于松花江畔的朱雀山，山高林密，水美草丰，不仅獐、狍、鹿、羊等草食类动物众多，而且藏有虎、豹、熊、狼等猛兽，乃努尔哈赤平定海西女真扈伦四部之乌拉部时，经常行围狩猎的指定围场，是吉林围场中的核心地段。努尔哈赤在“三打乌拉，两驻吉林”期间，曾在朱雀山的悬羊崖上射猎到一只长白山稀世珍兽——悬羊。

此后，该地被八旗秘定为“努尔哈赤围场”，外人不得擅入。努尔哈赤围场东与老爷岭相连，东北远接张广才岭，南系长白山支脉，春夏森林蓊郁，冬季林海雪原，是吉林打牲乌拉总管衙门派驻“猎丁”巡猎并交纳猎物的封禁之地。康熙、乾隆皇帝东巡吉林时，皆来此围猎。

据清代翰林学士高士奇编撰的《扈从东巡日录》和南怀仁写的《鞑靼旅行记》记载：康熙二十一年（1682），康熙皇帝第二次东巡，巡视盛京、吉林乌拉一带，经过开原东部的阿木巴克围场时，康熙与皇族、大臣围猎骑射。突然，一只斑斓猛虎窜出，康熙弯弓搭箭，将虎射杀。康熙东巡，驻跸于此，因在此过生日，赐名此山为寿山。[8]

乾隆十九年（1754），乾隆皇帝驻盛京围场内，曾赋《即事诗》赐盛京和吉林两将军，诗曰：“吉林围接盛京围，天府秋高兽正肥。本是昔年驰猎处，山情水态记依稀。依缰执役两将军，率下从公各效勤。都是沛丰诸子弟，争先奋勇起风云。”

农家肥

2. 盛京围场与皇家鹿苑

盛京围场处于清朝皇家狩猎中心区域，1619年，努尔哈赤统一了海西、哈达、建州女真以后，驭王者之威巡猎到西丰、东丰一带，见这里山岭崇峻、鹿兽群集、波光涟漪，深为梅花鹿之神骏所倾倒，感叹此地物华天宝，即将该地区划为围场。1895年，清光绪帝将盛京围场改名为“皇家鹿苑”，首开贡鹿和人工圈养梅花鹿之先河，当时的赵家鹿场、马记鹿茸声名远播，闻名遐迩。

除供皇室狩猎之外，围场每年要向朝廷进贡猎物，尤以梅花鹿为主要贡品。盛京围场，“每2年一次捕鹿羔60只，每年进贡都有皇帝朱批数列。以鹿计，有干鲜鹿肉、鹿舌、鹿尾、鹿肚、鹿筋、鹿肺、鹿肝等十几种之多”。同时，供物还有“汤鹿肉、毛鹿、合子鹿、仔鹿及腌鹿肉、鹿皮等”。捕猎、进贡等事宜全由盛京将军派员主办。⑨

相传光绪三年（1877）秋天，慈禧太后的胞妹婉贞带领皇亲国戚，宫中女官、女娥，浩浩荡荡来到冰砬山一带的大肚川围场游猎。返京时，车辆已满装珍禽异兽和山宝。

当年，猎人捕捉梅花鹿，采用合围“窖鹿”，即在梅花鹿经常出没处，挖出长八尺、宽八尺、深六尺的陷阱。阱的中间和上部摆有二层井字形木架，二层木架间距四尺，下层木架结实，井口小，上层木架轻细，井口大。以枯树枝覆盖，再掩上浮土及草皮，不留痕迹。窖的两侧摆有较大树枝以成路障，迫鹿进陷阱。鹿窖挖成半月后，已无新土气味，且长出新草，即可窖鹿。窖鹿时，猎人带猎狗拉网似的围山赶鹿或高声呼喊，或鸣枪敲锣。被赶得惊慌失措的鹿，顺着设有陷阱的旧路逃遁。一旦掉进陷阱即被架于木架之上，四腿悬空，动弹不得。猎人可用绳索将鹿腰部捆好，拖出陷阱，装入木笼运回，以备白露节前后向清朝旗务司交差。当年，大肚川一带捕鹿多在秋季，此时梅花鹿体壮膘肥，形态丰满。

经过年复一年的捕打，野生梅花鹿越来越少。到了1895年，“鹿趟”的猎户们感到仅依靠“窖鹿”来捕捉野生梅花鹿，难以完成如数向皇家进贡的要求。捕来的怀孕母鹿在圈养过程中生下仔鹿，让猎户们受到启发，知道梅花鹿是可圈养繁殖的。光绪二十一年（1895），受过皇封的鹿达、四十八家鹿趟子的总趟子头史庆云，推举赵允吉代表四十八家鹿趟子进京献鹿贡，并奏请集中养鹿包下进贡鹿品。赵允吉当面奏请慈禧太后，以求恩准人工繁殖梅花鹿。

赵家趟子创始人赵允吉，乃热河省建平县人，1876年（22岁）将儿子赵振山、赵振鳌留在家里，与夫人一起挑着双目失明的童养媳和小女儿来到伏力哈色钦围（满语，汉译为杨树水源头，今吉林省东丰县小四平）南古年水库旁边落脚。为了寻求生路，夫妇二人拼命开荒，搭起茅屋，挖参，打猎，窖鹿，并试行养鹿。窖鹿是打鹿的继续，养鹿是窖鹿的发展。赵允吉带着四十八家趟子凑齐的20只活鹿、20盘鹿尾和其他鹿产品10余种，一路先由各州府县派人接送，后由盛京将军领着朝见了慈禧太后。慈禧太后立即恩准，封赵允吉为七品鹿达官，赐黄马褂一件，官服一套，顶戴花翎一顶，官靴一双，黑红棍两根，虎头牌两块，另赐养贡鹿官山地40里，拨40名骑兵一年军饷。随后，盛京将军依克唐阿派官兵同鹿趟猎户一起，把今西丰冰砬山至小四平一带方圆40里辟为养鹿官山地，大兴土木建造“皇家鹿苑”养鹿。

一朝承雨露，生意满前川。光绪二十二年（1896），东北境内吉林、宁安、牡丹江等地和四十八家趟子所养的大部分活鹿被送到伏力哈色钦围，由赵家趟子集中圈养。之后，窖的鹿越来越多，圈养的母鹿、繁殖的小鹿也年有增加，光绪二十四年（1898），赵允吉、赵振山父子在小四平街修建家宅和第二鹿苑。请来有名的木瓦工人，大兴土木，建了东、西两个大院，规制大致相同。四合房，正房七间，东西厢房各九间，南趟九间，中间有大门洞。四面有砖瓦结构围墙，大门前有左右上马石、下马石，门旁有御赐黑红棍，门洞上挂着虎头牌。门前有半尺多厚、七尺多高、一丈多宽的影壁墙，上面有木刻的画。它是盛京围场中独一无二的规模宏大的建筑。鹿圈，由柞树条子夹墙改为2米多的高墙，石头底上黄土砌墙，占地25000多平方米，赵家趟子成为气势恢宏的皇家鹿苑。这是我国也可以说是世界人工饲养梅花鹿的开始。

梅花鹿全身各部位可入药的达17种之多，鹿茸、鹿鞭、鹿胎、鹿血、鹿心、鹿肾、鹿筋、鹿肉、鹿骨等均可入药，具有极高的药用价值和养生保健功能，可以预防和治疗多种疾病，甚至被称为“中医钻石”。在梅花鹿补品中，清朝皇室对鹿茸、鹿肉、鹿血青睐有加。鹿茸在阳历6月至8月采集，错过这一时节，鹿茸即角化成骨，失去价值。据说，割茸需要用木头搭一狭长通道，终端封死，鹿被赶进去后，将进退不得，只得低头任割。割茸时将有少许茸血流出，弥足珍贵，饮之大补。中国古代诸多皇帝遇急，多以之暂续性命。梅花鹿浑身是宝，鹿皮是制革上品，鹿血大补，鹿肉为珍馐，鹿鞭壮阳，鹿胎盘治女子不育有奇效，鹿茸则有祛病强身、滋阴补阳、延缓衰老之功效，为日常进补之珍品。

成功地保护东北生态环境。长白山为清朝发祥重地，原住居民多为满洲八旗。长白山脉山高林密，重峦叠嶂，林木葱郁，水草茂盛，利于飞禽走兽生息，自古以来就是满族先世极好的天然狩猎之地。存续近3个世纪的东北御围场，成功地保护了东北生态环境和风物特产。在东北御围场故地，如今星罗棋布般涌起众多围场、山庄、鹿苑。在辽宁西丰，人工饲养梅花鹿已经蔚为大观。据2009年统计，西丰全县已拥有鹿场1956家，鹿饲养量11.2万只，占全国的20%，年产成品茸20余吨，著名的同仁堂药店所经销的名贵中药鹿茸几乎全部来自西丰。2008年5月20日，西丰县以其悠久的鹿业历史和巨大的养鹿业发展优势，被中国野生动物保护协会授予“中国鹿乡”的称号。在吉林东丰县辽源寒葱顶国家森林公园内，已建立扎兰芬围民俗文化园。园区结合吉林独有的长白山、松江水、黑土地、白雪原等自然、人文、历史、文化元素，集影视拍摄发行、民俗生态观光旅游、数字影视科技孵化基地为一体，突出了“盛京围场、皇家鹿苑、关东文化、满族风情”等特色，是中国北方最具东北民俗文化特色、最富吉林特点的综合文化产业园区。

对东北渔猎文化产生深远影响。光绪初年弛禁，东北御围场逐步开放。如今，当年围场的许多遗迹尚存。在阿木巴克围场，66座烽台大多保存得比较完整，大的直径有20余米，高两三米。有的上面平坦，呈现馒头形状。工作人员还发现了不少土质矮墙，暂认为是沿古道修筑的围场边墙（封壕），其中一部分烽台就直接修筑在这种边墙上。

围场许多地名仍保留至今，如野猪沟、老虎岭、鹿圈、獾子洞、黑瞎背等屯，苇子沟、蛤蟆塘、长泡子、碱场等村。宝清，县名，满语波亲，汉译为獾子，即獾子生息之处。爱辉，县名，满语“瑷珲”（艾浑、艾虎、爱呼），汉译貂，即母貂生息繁衍之处。加格达奇，镇名，鄂伦春语“加格达奇”，汉译有獐子的地方，等等。东辽县有鹿鸣村、亮甲川、逃鹿屯。相传清圣祖康熙皇帝在大饽头村猎鹿，但闻鹿鸣呦呦，康熙率众围捕，将士铠甲照亮山川，还是让一头口中衔着水灵灵、绿油油还阳草的梅花鹿逃离了，留下了这一串山川名称。

第三节　柳条边封禁与采集民俗

清朝在柳条边，共设置了20个边门和168个边台。边门以下设边台，吉林省长春市九台区就是当时的一个重要边台。从柳条边最东边一门舒兰市法特哈乡东12里数起，第一个12里为头台，法特哈门是第二台，往东每隔数里一台，一直排到十台，然后再从一台排至九台，称“上十台”“下九台”。全九台区因边而名的乡、镇、村、屯就达45处之多。每个边台设千总3至4员，下聘台丁150至200名。台丁由汉人入旗籍者（俗称“汉八旗”）充当，俗称“边台人”。“台丁、站丁之南人，系康熙年间平定逆藩吴三桂俘虏，编管盛京部，拨往边台、驿站，充当苦役。”[⑩]台丁的主要职责是于每年二月和八月，修壕补边，并于每年十月向朝廷进贡山货。

一、康乾东巡与伊通边门

伊通边门是当时宁古塔将军管辖的四个边门之一，因扼千年古流伊通河，所以地理位置十分重要。

边门建有门楼一座，以红松木料、青砖石料及灰色鱼鳞瓦构筑而成。门楼东西长6米，南北宽5米，高6米，房脊的东西两端及房檐四角均饰有兽形建筑饰物鸱吻。门洞宽、高各2米，门洞过木上方正中悬书“伊通边门”长方立挂匾额，匾额右上方书写“吉林将军所属”。门楼的山墙与柳条边土堤相接，土堤很高，边壕很深，常存积水。边壕与门洞间架榆木板桥一座，中间是过道，门洞仅可容一辆大车通过。防御衙门的牌子上写：“衙门重地，国课攸关，有敢故违，定行究办。”伊通边门有文、武两个章京，满洲防御员一人，笔帖式一人，领催一人，下有披甲兵（即八旗骁骑营之兵）三四十人。平时披甲兵分班守备，职责是掌管边门的启闭，稽查行人出入。过往行人都得从门洞走，否则就犯“爬边越口”的罪名，要受重罚。清廷规定，凡进出边门进行生产的各族居民，均需持有关部门发给的印票，从指定边门验票出入，否则就以私入“禁地”论罪。康熙十二年（1673）题准：凡“在禁河内来捕蛤蜊及采蜂蜜、捕水獭、偷采东珠者，照采人参例，为首者拟绞监候，为从者枷两月，鞭一百”[⑪]。

如“雇人偷刨人参”，“不分旗民，俱发云南等省充军”。“只身潜往偷刨，得参一两以下，杖六十，徒一年；至五十（应为五两）两，杖一百，流三千里；为从及未得参，各减一等。”如果“各项采捕人，将本身印票转卖他人者，买卖之人各枷两月，鞭一百”。当时经过边门的马车都要纳税，出边门的纳二百文，进边门的纳四百文，从船厂（吉林）来的纳钱更多。死了人出葬经过边门也要纳钱。各边门管事的是大千爷、二千爷，衙门内摆着大眼枷、黑红棒和皮鞭子。行人要是不从边门走，叫作“犯边”，是有罪的。

昔年，伊通边门是重要的储粮基地和运粮航道。康熙二十二年（1683），清朝决定开创辽河到松花江的水运，利用水上联运的办法，将辽河流域生产的粮食，运往松花江流域，以满足吉林等处驻防兵的需要。据《康熙朝实录》记载，是年，宁古塔副都统瓦里虎等自伊屯门至伊屯、伊尔门河口（今饮马河）、伊屯口（今农安）验视水势，测其水道深浅，奏：“伊屯河可行三丈五尺之船，吉林地方伐木造船百艘，由伊屯河运来松花江。农隙时运来贮于开城仓内，以春秋二季舟运至邓子村交卸。自邓子陆运百里至易屯门仓，由易屯门舟运出易屯口，直达混同江，自是运转不劳，饱腾有籍。其辽河、易屯河俱造运船百尺，以瀛台百翦油船为式，每船载米六十仓石为率，水手俱由宁古塔将军分派，每名月给银一两，仍免其丁地。”⑫

柳条边亦是有清一代康熙、乾隆、嘉庆、道光皇帝十次东巡、秋狝冬狩之地。康熙二十一年（1682），康熙皇帝第二次东巡时第一次到达吉林松花江，曾写《柳条边望月》诗：“雨过高天霁晚虹，关山迢递月明中。春风寂寂吹杨柳，摇曳寒光度远空。”

乾隆八年（1743），乾隆皇帝第一次东巡，在进入柳条边时写下了《入英峨门》诗，表达了他即将拜谒祖陵的喜悦心情。

乾隆十九年（1754）七月初五，乾隆皇帝从承德起程，经内蒙古直趋吉林，沿途举行围猎，曾赋诗云：

吉林围接盛京围，天府秋高兽正肥。
本是昔年驰猎处，山情水态记依稀。

二、采集民俗

东北山川浑厚，沃野千里，白山黑水地带有取之不尽、用之不竭的天然资源。山区人民俗重采集。山菜、野果、草木、药材皆因日用而摘采，或自食，或自用，或交换，或出售。采集经济在山区生产中占有重要地位。民谚有云："靠山吃山，靠水吃水。"人们采于山，猎于原，渔于江，不可胜食，不可胜用，在这物产丰饶的大自然环境中生息、繁衍、发展，因采摘对象不同而各有其独特的采集习俗。

（一）山参的采集

东北山区盛产药材，而以人参为最贵。故民谚说："关东三件宝，人参、貂皮、乌拉草。"满语称人参为"额尔和多"，意为"百草之王"。

人参珍贵神奇，源于它的药用价值。《神农本草经》认为，人参有"补五脏、安精神、定魂魄、止惊悸、除邪气、明目开心益智"的功效，"久服轻身延年"。李时珍在《本草纲目》中对人参极为推崇，认为它能"治男妇一切虚症"。几千年来，人参在中草药中都被列为上品。人参形状奇特，特别是野生的老山参，往往都是人的形状，即所谓有头（根状茎，俗称"芦头"）、有体（主根）、有肩（根的上部）、有腿（例根）、有须（须根），由此更产生了种种神秘感，被称为"人参精""人参娃娃""地精"，发生了不少动人的故事。人参称谓甚多，俗称"棒槌"，也被称为"货"，又曰"根子"，肉红而大者曰"红根"，半皮半肉者曰"糙重"，空皮曰"泡"。人参属多年生植物，以桠叶区别生长年岁多寡。以桠称，二桠者俗称"二甲子"，三桠者俗称"灯台子"；以叶称，有四披叶、五披叶、六披叶等。长白山人参根据色、形、味的差异及制法不同，又有白参、红参、边条参、主晒参等区别。不同时节所采的人参，名称亦不同。初夏得者曰"参芽"，花时得者曰"朵子参"，霜后得者曰"黄草参"。东北地区的人参，多生在吉林省长白山，因之也被统称为"吉林人参"或"长白山人参"。由于人参珍贵，自古以来即被视为灵物而神化。加之在人迹罕至的深山老林之中采参，周围充满了神秘和恐怖，因而形成了许多带有浓厚迷信色彩的采参习俗。

采参讳言"采"字，不许直呼"人参"。民间俗称采参曰"放山"或"挖棒槌"（因参形似棒槌）。挖棒槌者多在三四月进山，九十月返回。放山在四五月称"放芽草"，此时参芽萌出，便于寻认；六七月称"放黑草"，此时丛草浓绿，最难辨认；八九月称"放红头"，此时万绿丛中一点红，最易识别。待参子成熟落地后，又称"放刷帚头"，不易寻找。放山事毕下山叫"辍棍"。

古时，凡走山者，大率偷采者也。每岁三四月间，趋之若骛，至九十月间乃尽归。其死于饥寒不得归者，盖不知凡几矣。而走山者日益多，岁不下万余人。凡走山刨参者，率五人为伍，而推一人为长，号曰“山头”。陆行乘马，水行驾威呼，沿松花江，至诺尼江口登岸，覆舟山谷间，乃入山相土，山头坐船而指，四人者剥树皮为窝棚。又择一人炊，三人樵苏，夜则燎火自卫。……日暮归窝棚，各出所得交山头，乃洗剔而煮，贯以缕，悬木而干之。日唯晓夜再食，粮尽则五人均分而还。[13]

采参有固定的规律和习俗，如有违反，要受到处罚。参帮入山，先由把头相山，视树头、绿草亮处落脚，或搭窝棚，或依山就势挖土窨子，也叫“地窨子”。选一人负责做饭，俗称“端锅的”，夜里要在地窨子前燃火以防野兽。

放山者信奉山神爷，信任老把头，入山要搭老爷府即山神庙，传说能保佑采参人的安全，不被野兽伤害。

（二）传统采集

采松子是东北传统的采集活动。南朝梁元帝《与刘智藏书》：“松子为餐，蒲根是服。”唐杜甫《秋野》诗之三：“风落收松子，天寒割蜜房。”北宋黄庭坚《戏和文潜谢穆父松扇》：“动摇怀袖风雨来，想见僧前落松子。”明李时珍《本草纲目·木一·松》：“松子多海东来，今关右亦有，但细小味薄也。”

松子是传说中神仙赤松子的简称。三国魏曹植《赠白马王彪》诗：“虚无求列仙，松子久吾欺。”《梁书·阮孝绪传》：“愿迹松子于瀛海，追许由于穹谷，庶保促生，以免尘累。”唐李白《寄弄月溪吴山人》诗：“待我辞人间，携手访松子。”王琦注：“松子，赤松子也。”

东北松树极多，其种子俗称“松子”。松子多油，松软味香，为人所喜食，亦可入药，有滋补强身之功效，中药名称“海松子”。清廷每年都要从东北征收大量松子入贡。嘉庆时，据内务府统计：“皇上御前早、晚膳一年添用松子金石八斗四升三合七勺五抄。”[14]清乾隆皇帝，曾写有《松子》诗：

窝集林中各种松，中生窠者亦稀逢。
大云遥望铺一色，宝塔近瞻涌几重。
鳞切蚌含形磊落，三棱五粒味甘浓。
偓佺[15]曾遗尧弗受，小矣子房学步踪。

这里不但说食松子可以长寿，还对松子的自然生态描述得极为清晰。松子是针叶树红松的种子，结子者俗称"果松"，无子者俗称"杉松"。红松结子最多，大如莲子，质佳味美。松塔，层瓣鳞砌，每瓣内各藏一粒种子，每塔数十粒，熟则瓣开子落。松子上尖下粗，有三棱，长三五寸，大者多尺许，呈茶褐色，去其坚硬外壳，食之清香可口。主要采集工具是长杆子、铁钩子、黄皮布袋。采松子时，用钩将松塔从树上钩落。

清代采贡蜜规定贡额，多者赏，少者则惩。康熙年间（1662—1722），准许蜜丁一年采蜜，一年采参。

嘉庆年间（1796—1820），打牲乌拉总管衙门旗丁490人，采集蜂蜜2000千克。采集时间从寒露开始，至次年清明节结束。采集方法比较简单，发现野生蜂巢时，须头戴面纱罩具，身穿老羊皮袄，手戴罩套，赶走野蜂，使用木勺或铁勺取出蜂蜜装入坛内或篓内。

哈什蚂学名"田鸡"，盛产于长白山系溪谷之中，遍体光滑，尻无窍，难辨雌雄。

土人云，雄者值山中新雨后，腹生涎沫，雌雄常黏合，虽力劈不解，即其交尾时也。特不知其孵卵之故，饮而不食，无排泄器，故寒霜既降，辄膨胀死。剖之，满储黑粉如石炭之屑，唯两肋具肥晶莹白，有脂肪质，熟食味鲜美。医者云：性滋阴，可当补剂。而《本草纲目》中未见其名，古人诗词亦未有咏之者。有谓此物饮参水而生，故哈什蚂所在山，必产参云。

白桦喜光耐寒，桦皮外表白如敷粉，内皮深黄如粟，内部构造十分特殊。桦皮不仅可做船，大者能容数人，小者可挟之而行；遇水则渡，游行便捷；可建造房屋，可缝制桦皮斗、桦皮桶等各种器物，可以桦皮代纸，写诗作画；以桦皮为烛，燃烧后，火光昭昭，且能散发清香气味。[16]

桦皮具有止咳、祛痰、平喘和抗菌的作用。临床可用它医治急性扁桃体炎、气管炎、肺炎、肠炎、痢疾、乳腺炎等，外敷可治烧伤、烫伤和痈肿疮毒。清代居于林区之人家，剥取桦皮乃是他们重要的采集活动。仅宁古塔（今黑龙江省宁安市）一地，每隔一年就要进贡桦皮7200张，康熙二十六年（1687）以前，一年取宁古塔桦树皮9000斤。[17]采剥桦皮多在五六月间，这时桦皮水分大，容易剥取。剥取时，先用利器在桦皮上下横着各划一道深痕，再竖着划一道深痕。然后用利器之尖顺着竖痕一排，再用手一掀，就可使整块桦皮脱落下来。剥下的桦皮要放在污泥之中，俗谓之“糟”。数日之后取出曝晒，白而显花纹且有一定形状者为佳品。[18]

清朝时当地每年要向朝廷进贡桦树皮。当时设有章京（相当于六品官）、笔帖式等官员管理此事。[19]白桦树皮内部构造十分特殊，它分许多层次，每层薄如纸片，韧而不脆，且具紫、黑、黄色花纹，古朴质实，明丽天然，可作画。桦皮厚实强韧，又易剥离，取材方便，用桦皮苫盖顶优点很多，可遮风挡雨，历久不坏，最耐冰霜，且使屋内冬暖夏凉。“桦木之用在皮，厚者盈寸，取以为宝，上覆为瓦，旁为墙壁户牖，体轻而土工省，逐兽而频移，山中所产不可胜用也。”[20]乾隆皇帝曾写诗称赞桦皮房：“巢处遗风藉桦皮，上檐侧壁总堪为。端夸不漏还胜瓦，岂虑频迁等奕基。瓮牖绳枢犹未备，夏凉冬暖且相宜。王侯第宅皇州遍，芮鞫先型尔尚知。”

桦皮船曾是东北各族人民的交通工具，女真族用桦皮制作的船，大者能容数人，小者可挟之而行。遇水则渡，游行便捷。过去在长白山松花江两岸，多有桦皮船。“桦船携趁渡头忙，来往轻飞逐鸟翔；收拾烟波人散后，一肩帆影荷斜阳。”[21]桦皮船行驶时轻巧无声，不会惊走水里的鱼和林中的兽。捕鱼人坐船舱中间，前后船舱盖以鲤鱼皮，以免进水。距鱼远时，用两头有刃的长桨划，船速飞快。待划到鱼的附近，再换两个小桨慢慢划。在船头距鱼二米远时，将两个小桨放到船内，举起鱼叉向鱼投去，几乎百发百中。“桦皮船，两头尖，船飞叉动鱼堆山，笑声欢，心儿甜，手持鱼叉歌满船。”[22]

古时，东北人不知用陶器。每年农历五六月间，鄂伦春族的妇女会成群结队地到桦树林中剥桦树皮。蒸煮后，趁着潮湿，用犴筋缝成各种形状的小箱、小盒、碗、盆等生活用具。桦皮桶、碗、盆轻便耐用，不易摔碎，盛水不漏。桦皮盒、小箱多用来盛旱烟、针线、剪刀，大一点儿的箱子可装衣物。“阿德马勒”是鄂伦春语，指过去姑娘出嫁时陪嫁的桦树皮箱子。有长方形的，也有扁圆形的，上面刻有“南绰罗”（相思花）的图案，寓意夫妻白头到老。

草苁蓉，俗称“不老草”。紫褐色，寄生，通体不见一点绿意，但也开花、结果，繁衍后代。草苁蓉为名贵药材，它所含的生物碱等化学成分，具有补肾壮阳、润肠通便的功效，常用来治疗肾虚阳痿、腰膝冷痛、小便遗沥、妇女崩漏带下等病症。

草苁蓉埋在地下部分的根状茎肥厚、硕大，它连着寄生的根，借此吸收营养；地上部分的茎挺直，粗细似拇指，褐紫色，鳞片状的三角形叶子，密生在茎的底部。它的花也是紫色的，许多朵小花构成穗状花序。每年七八月间开花，八九月间结果，果实成熟后，生出许多颗粒细小的种子。每年十月份开始采摘。

（三）山菜的采集

采集山菜是东北的又一项传统采集活动。每年春天，人们成群结队入山采撷。山菜种类繁多，有明芽菜、猫爪子、蕨菜、牛毛广、小根蒜（俗称“大脑瓜”）等。一入伏，人们便上山采猴头、蘑菇、木耳。秋季还有一回“小秋收”，入山采各种果类，如山榛子、山里红、山梨、狗爪子（猕猴桃）等。

蘑菇生于树者曰树蘑，生于草间曰草蘑，细分又有很多品种。生于椴树下黄而大者称为黄蘑，又名元蘑，采下藏之，隆冬不改其味，故俗称“冻蘑”。生于榆者为榆蘑，生于榛者为榛蘑，生于柳者为柳蘑，生于松者为松花蘑，生于桦者为花脸蘑，等等。在诸多蘑菇之中，以猴头蘑和鸡腿蘑最为出名，被视为蘑菇中上品。“蘑菇，猴头、鸡腿之外，尚有数种，然状莫大于猴头，味莫鲜于鸡腿。”[23]

猴头蘑是被人们所称道的山珍之一，也是“四大名菜”（猴头、熊掌、海参、鱼翅）之一，有“山珍猴头、海味燕窝”之称。它体圆而厚，远远望去似金丝猴头，故被称为“猴头菇”，又像刺猬，故又有“刺猬菌”之称。猴头蘑是鲜美无比的山珍，菌肉鲜嫩，香醇可口，有“素中荤”之称。猴头蘑进入人们的饮食生活由来已久，“民皆好啖猴头羹，虽五肉臛不能及之，其俗言曰：宁负千石粟，不愿负猴头羹”。[24]民间谚语：“多食猴菇，返老还童。”相传早在3000年前的商代，已经有人采摘猴头菇食用。猴头菇“物以稀为贵”，只有宫廷、王府才能享用，外界只知道猴头菇是珍贵食品，对它的有关特性及其烹调方法却不清楚。有关猴头菇的记载，较早见于明代徐光启《农政全书》，书中仅仅列有“猴头”的名称而已。《御香缥缈录》载有清宫的猴头菜肴，并盛赞其味鲜美。该书还具体介绍了烹制猴头菇佳肴的炖、炒二法。

猴头蘑多生在栎、柞、桦、核桃、楸等阔叶树的方木或腐木上，且常生于方木受伤处。据传，猴头蘑有“对生”之说，如果发现一棵树上有猴头蘑，定会在其相对的同种树上发现一只，因之也被称为“脸蘑”。猴头蘑实体肉质，肥厚硕大，鲜时全部白色，后期渐变淡黄色，干后呈淡褐色。猴头蘑不仅是宴席珍品、高级补品，而且还是名贵中药，具有助消化、利五脏之功效。

寒葱即山葱，《尔雅》谓之“蕨”，俗称为“寒葱”。《千金·食治》称其：“除瘴气恶毒。其子主泄精。”“主诸恶鼓、狐尿刺毒，山溪中沙虱、射工等毒。煮汁浸，或捣薄贴。亦兼小蒜、茱萸辈，不独用也。”[25]史料认为野生寒葱，全身都能入药，其药用价值比人参高。寒葱，属百合科多年生草本植物，耐寒且遇寒生长更旺盛，味辛辣如葱而得名“寒葱”，有止血、散淤、化痰、止痛的功效。

寒葱产于敦化、辉南、东丰一带诸山中，以伊通县寒葱岭之寒葱最为肥嫩名贵。岭之阴坡遍布寒葱，采摘时必就岭下蹬杆河之水洗净，及时盛盐罐，方能不坏，易水则不能食。寒葱有祛风寒、活筋骨、健脾胃的功效。寒葱可生吃，也可熟食。老百姓用来熬汤吃，炒着吃，蘸酱吃。寒葱在长白山里出了名，有些地就以它为名，如“寒葱沟”“寒葱岭”就是这么来的。寒葱又一癖好是喜静。百年前，山深林密，无车轨人迹，寒葱极多。后来建设农田，于岭上开采石头，点火放炮，岭上寒葱遂稀如凤毛麟角，当地百姓说，一炮把寒葱崩跑了。近年岭上自然生态保护极佳，寒葱又重返故里。

第四节　工匠民俗

距今七八千年前的原始社会末期，人类出现了第一次社会大分工，手工业从农业中分离出来，出现了专门从事手工业生产的工匠。专注于某一领域、针对这一领域的产品研发或加工过程全身心投入，精益求精、一丝不苟地完成整个工序的每一个环节者，可被称为“工匠”。

一、木匠

木匠亦称“木工”，是在制造家具、门窗框架或制作其他木制品过程中，用手工工具或机器工具进行操作的人。木匠是以木头为操作对象的一种古老职业。木匠们伸展绳墨，用笔画线，拿刨子刨平，再用量具测量，将木材制作成各种各样的家具和工艺品。木匠从事的行业是很广泛的，建筑、装饰、广告等行业都离不开木匠。

木匠的祖师爷鲁班，春秋鲁国人，姬姓，公输氏，名般，被后人称为鲁班、公输班。“公输班，天下之巧也。”[26]

木匠最宝贵的智慧创造是“百工五法”，即木匠使用的五种工具：矩、规、绳、水、垂。俗话说“没有规矩，不成方圆”，又说“欲知平直，则必准绳；欲知方圆，则必规矩”。“矩”是木匠用以取直角正方的工具，俗云“方尺”；“规”是木匠用来画圆的工具，即后世的圆规；“绳”，古代又称“绳墨”，即“墨斗”，是木匠用来打直线的工具。从墨斗中拉出墨线，放到木材上，绷紧，提起，放手，墨绳借弹力在木材上打墨线。木匠分大墨、小墨。大墨可修房建屋，架设桥梁；小墨从事家具、农具制作。也可分为平墨、弯墨、圆墨、寿墨等。平墨从事家具制作，弯墨从事工艺雕刻、农具制作，圆墨从事木桶、木盆等生活用具和生产工具制作，寿墨专门从事棺材（亦称“寿方”“寿木”）制作。小墨、弯墨技术较精；大墨做工虽较粗糙，但必须识图，清楚墨线尺寸；圆墨流动性较强，四方奔走制作。

古时用“水”取平的技法，一直沿用至今；“垂”，是木匠吊正垂直（线）的工具，这种工具也是石匠、瓦匠等匠人的通用工具。木匠的“榫卯”技术（俗称“公母”）是一种精巧的发明，世代传承，殿堂、庙宇上的“斗拱斜山”样式技高一等。木匠的“相材”技艺，有其行业上的特色，对各种木料的名称、年代、湿变、木级，都能辨识，最能量材使用。东北农村有“细木匠”“粗木匠”之分，前者以制作和雕刻箱、柜等家具为主，后者以制作农具、车辆和盖房用梁、檩、椽、柱为主。

木匠最有代表性的民俗是建造新房时举行的上梁仪式。此俗要择吉日良辰，房中设香案，备彩钱、香花灯烛、猪牛羊三牲、果品供养之物，木工掌墨师傅把斧头、墨斗、曲尺放在桌子上，将五尺杆子斜靠在桌子前方，瓦工的瓦刀、挂尺也放在前方。梁上要贴“福、禄、寿”三个字。字要斜着贴，“福”字居中，“禄”字在左，“寿”字在右。准备工作就绪，木工、瓦工和东家洗手洗脸，家主把烛点燃，上香敬神。

木工掌墨师傅走到桌前说：“鲁班来得迟，正是上梁时。”如果在早晨则说：“鲁班来得早，此刻上梁好。”在上梁前，用四方大红纸在中间画条阴阳卧鱼（太极图），四周按乾、坎、艮、震、巽、离、坤、兑位置画上阴阳八卦图。八卦两边有副对联：“太公在此，诸神退位。”将画好的八卦图，不论三间或五间房，贴在中间房子的脊檩中间，再用一条红线绳穿上几个铜钱，系在脊檩的八卦图位置上，八卦上的铜钱有历代皇帝的年号，以降魔除邪。上梁戳排时，凡乡邻亲友都要送红彩，要是没人敬赠红彩，就自家事先准备一条挂在上面，以示喜庆吉利。竖起房梁，架上檩子后，首先安门框。门框上贴副对联：“吉日安门增百福，良辰立柱庆吉祥。”横批：“大吉大利。”有钱人家在戳排立梁时，给木匠师傅一壶烧酒，木匠接过酒来不喝，将酒浇在梁柁头、腰、尾三段，边浇边唱喜歌。词曰：

浇龙头，福长流，祖祖辈辈做王侯。
浇龙腰，寿禄高，祖祖辈辈当阁老。
浇龙尾，日子肥，当家的明如镜，清如水。

也有的木匠师傅端起酒壶奉祀诸位神仙，以求保佑施工顺利，住宅安宁。

二、铁匠

铁匠是一门古老的职业，他们以铁为原料，靠一把小小的铁锤打造出各式各样的生产工具和生活用品。铁匠一般都有一个自己的铁匠铺，有一座用来煅烧铁坯的火炉，在火炉的连接处有一个大的用手拉的风箱，用来掌控火候。

民间一首歌谣对工匠们的劳动性质、强度与报酬进行了形象的比较，说明铁匠劳动的特点和优越性。

木匠叮当凿一天，
不及铁匠哧哧冒股烟，
铁匠哧哧冒股烟，
哪如锡匠粘一粘。

铁匠这一行与炉火相关，因为李老君有八卦炉炼丹，是炉神，所以有许多关于李老君的传说。

“敬德也曾打过铁”，这个敬德就是与秦叔宝齐名后被誉为“哼哈二将”的隋唐著名将领尉迟恭。他打铁的故事很有名。

传说，有个落魄书生在一个洞里发现一些铜钱，就想带走，这时有个金甲执戈的人让书生找尉迟恭写个条来。尉迟恭正在袒胸赤膊地打铁，书生说明来意。尉迟恭觉得莫名其妙，就顺手做个人情，写了“付钱五百贯”，还写上了年月、姓名。后来尉迟恭当上了大将，南征北战立了大功，归乡时得了一库赏钱，一清点，却少了五百贯。尉迟恭正要怪罪守库人，忽然看房梁上有自己的亲笔字条，是打铁时写下的“付钱五百贯”，遂惊叹不已。

过去铁匠中流传着“老君拳头打铁嘴吹风”的传说。最初祖师老君打铁时没有锤子、砧子和风箱，老君以膝盖为砧子，一手夹铁，另一手攥拳头打铁，用嘴当风箱使。结果，老君手也烫坏了，膝盖也烫伤了。他对铁块说：“你烫掉我一层皮，我打掉你千层皮。”于是，铁块被锤打得脱掉一层层黑皮。铁匠要手艺精，关键在“火候”，就是铁要烧到、打到一定程度。火候不到，脆；火候过了，软。有“长木匠短铁匠”之说。木匠锯短了，瞎了材料；铁匠下料若短，只要有好的火候，多短的材料都能接上。铁匠们珍惜自己的手艺和荣誉，常把自己的产品打上印记，流传后世。

传说长春有个“郑发菜刀”，极负盛名。郑发原为山东人，原名郑茂盛，年轻时流浪到关东，在花子房巧遇王荣，两人结拜为兄弟，由王荣介绍到自己的父亲王铁匠那里学艺。由于郑发聪明勤奋，肯钻研，终于学得高超技艺。他打的菜刀削铁如泥。据说，一次一个钉子划破一个人的衣服，郑发一怒之下，一刀砍去，钉子被斩断，刀刃却未卷，从此名声远扬，连日本名匠都想与他合作，但被极富民族气节的郑发拒绝了。为了给中国人争气，郑发在技艺上精益求精，终于成了“关东刀王”。1945年，东北各铁匠行技师进行技艺比赛，参加比赛的刀剪工匠有双辽“戈大刀”、郑家屯“仿九光”、吉林“双葫芦”、白城子“宋傻子刀”等，群雄荟萃，各显身手。比赛的结果是郑发菜刀一举夺魁。郑发菜刀钢刃锋利，好磨耐用，不崩不卷，远近驰名。

三、石瓦匠

石瓦匠又分石匠、泥瓦匠、泥水匠等，是建筑行业的重要组成部分。石瓦匠同木匠一样，尊鲁班为祖师，称其：“开万世建筑之业，启后人土木之工。”据说，鲁班当年手把手教了瓦匠、石匠、木匠和笆匠四个徒弟。三年之后，四个徒弟都学有所成。石瓦匠，是历史传承时间最长最久的职业之一。从旧石器时代的简单打磨到现代的石雕工艺和艺术的完美结合，离不开一代代石匠们默默的贡献。他们留下了许多流传千古的碑文雕刻、精美绝伦的石刻佛像以及经典的石桥技术，对中国的数千年历史文化来说功不可没。

四、制陶匠

人类从远古时期即已发明陶瓷器，在汉代发现釉料，开始将陶器表面饰以釉料，中国从此开始有了瓷器。汉代的瓷器很粗糙，不过是有釉的陶器，火度低，质地脆，工艺水平不高。真正高火度瓷器的大量生产实际上是在唐代，如著名的越州青瓷、郑州白瓷。最著名的唐三彩，以黄绿青三色描画花纹于无色无釉的白地胎上，烧成后色彩清丽。五代时最为著名的瓷器为后周世宗柴荣所烧制的瓷器，其器“青如天，明如镜，薄如纸，声如磬”，滋润细媚，制精色绝，为古今瓷器之首。相传当年周世宗因其色碧翠动人，赛过宝石，故批曰：“雨过天晴云破处。”柴窑为天下奇宝，其碎片也与珍宝价同。此时多为单彩釉瓷器，表面现出各种碎纹，著名的有定窑、汝窑、官窑、哥窑、均窑。明代是中国制瓷业发展的顶点，其繁荣状况空前。永乐窑的脱胎素白器，其薄能映见手指之螺纹，足见工艺之高。

陶业供奉窑神，俗传农历二月十五为窑神生日，窑神为一做麻糖的红脸掌柜（有人认为是太上老君所化，因为老君曾用炉火炼丹）。一天晚上，遇到一个老头来吃麻糖，红脸掌柜热情款待了他。这个老头是王八精的化身。后来发生了地震，王八精为了报恩，便驮起红脸掌柜躲过了这场灾难。红脸掌柜大难不死后便改行烧陶，成为陶制业始祖。

东北制陶业主要是做盆烧缸。吉林省永吉县缸窑镇就是著名的制陶之乡，有“北国陶都”之称。缸窑镇原不叫缸窑镇，而是叫溪浪沟，这里方圆百里都是高低不平的大山。

有一年，有个叫赵岩龙的人从关里逃到关东。赵岩龙早年在山西干过瓷器活，对制陶业懂行。他见溪浪沟这地方山高林密，不缺木头，就搭起炭窑烧炭。这地方地质好，他在一个被山水冲刷过的沟塘找到一种白土，用其砌窑盖，几个月也没烧塌，而且越烧越瓷实。他就动了心思：这土跟唐山烧窑的土要是一样，干脆开个盆窑或缸窑好了。于是他用钱搭子装了两兜白土，用毛驴驮着，翻山越岭前往唐山。也不知走了多少天，到了唐山，请几位烧窑高手鉴定，这土真是烧盆制窑的陶土，据说质地比唐山的陶土还要好。赵岩龙路没白走，心也落地了。回到溪浪沟，赵岩龙搭起窑来就烧缸。

缸是烧出来了，就是不结实，碰一碰直掉渣。赵岩龙急忙打发手下一个叫石永林的人，再赴唐山去请烧陶专家李宝，李宝帮助赵岩龙建造了一个用绊子做烧料的锥形窑。

经过多次改造，烧出的缸结实多了，烧窑的时间也缩短了。以后，又用月土刷红，代替后来的缸釉子，不仅缸外皮细腻，而且颜色或红或黄，美观耐用。就这样，赵岩龙成了开创东北缸窑陶制业的第一个师傅。后来，人们见溪浪沟有用之不尽的白土，都纷纷来此安家落户，兴办陶业作坊，这里开始有了前、后窑之分，接下去又造了赵花窑、黑瞎子窑、头窑等。后来，人们也忘了溪浪沟的名字，把这里叫成了缸窑。直到如今，制陶仍是这里的主要产业。

第五节　商业民俗

一、集市、行商与坐商

群鸟栖止于树上曰“集”，引申之，定期或临时进行商贸交易的市场谓之集市。远古时期，我国没有常设的交易市场，曾出现“因井为市”。“古人未有市，若朝聚井汲水，便将货物于井边买卖，故言市井。”[27]后来以“日中为市，致天下之民，聚天下货，交易而退，各得其所”[28]。

集市有坐贾、行商，也有居间商（又称“掮客”）。把产品的交换作为一个专门行业——商业，产生于商代和西周。据说，商王朝灭亡后，商族人被迫迁居到各地，由周王朝严密监视和统治。一些原先的商王朝贵族和平民虽然保有一部分田宅，享有自由民的身份，但境况大不如前，甚至不能很好地养家糊口。为了增加收入，他们便出门跑买卖，贩运各地物产。在“殷人重贸”的社会风气熏染下，做买卖的几乎都是商遗民以及原先商族的奴隶。以后，“商人”就成了买卖人的代称，世代相袭。

行商有两种，一种是走南闯北的商人，他们把某些地方需要的商品或当地不出产的商品，运来出售。其中资本雄厚做大买卖的商人，被称之为“客商”或“老客”。他们把日用商品、布匹、茶叶、农具运往山区、牧区，而把山区、牧区的毛皮、药材、水果运往城市，这是行商的一种。另一种更有代表性的行商是小本经营、走街串巷的小贩，或曰“小担贩”。这种挑担的小贩具有两种特点，一是具有一定手艺性；二是伴有市声、喊声或手击器，即手持某种敲击物招揽生意，又伴之以吆唤。久之，闻声就可知道是卖什么的。这是从集市贸易发展起来的游动性交易形式，极富有民俗意义。

行商中最有代表性的是货郎，也叫“挑八股绳的”（因绳用八股捻成）。货郎是一种专门贩卖妇女日常用品的小贩。担子一头为货箱，货藏其中；另一头为明摆着的各种货样子，有头绳、簪子、绢花、胭脂、香皂、手绢、发带、篦梳、绣花针、绒线、粗针大线等，品类齐全。货郎手摇拨浪鼓——一种碗口大的小鼓，左右两耳系绳锤，下有手持短把，用时摇摆拨浪鼓，发出清脆的鼓声，人们就知道货郎来了。

“挑八股绳的”有两种，一种是挑软八股绳的，指货郎，担子轻，货是细软的；另一种是挑硬八股绳的，指锢漏匠或收山货的。他们除走街串巷吆喝外，还用响器吸引顾客。特别是挑软八股绳的货郎摇着拨浪鼓吸引那些深锁闺中的女性前去购物。

这些货郎鼓之类的响器，因此有了个精彩动听的名字——“惊闺”。这是与其他击响器不同的器物。货郎贩卖花红柳绿的闺中物，有与闺中少女打交道的机会，所以，货郎也常是戏剧民俗中的角色。

货郎除以拨浪鼓吆喝叫卖外，有的也兼收山货和破烂。东北农村过去常听到这样声声吆唤：“猪鬃羊皮，铜铁锡铅换钱！”“破烂——换钱！”“换钱啦！”听到声音就知道，这是收破烂的来了。

锢漏匠是属于挑硬八股绳的，带有技术性，担子重，一头是炉子，一头是材料及工具。锢漏匠以女娲为祖师。因为他们认为补锅、锔缸、锔碗跟女娲补天一样，都是为了锢漏。这一行还敬奉着一个饿佛，认为如果锅碗瓢盆永远不坏，锢漏匠就会饿死，颇有些卖炭翁“心忧炭贱愿天寒”的意味。

挑硬八股绳的一般都很讲义气，如有外地来本地求生的，当地的锢漏匠会停了自己生意，先让他们做，非常团结互助。

坐商是由集市的交易形式发展起来的，它不同于行商的流动性，而是一种固定性的交易方式。坐商的习俗首先表现在“三定”上，即定地点、定时间、定商品。它有固定的地点、店面、交易时间，标定出经营的商品。坐商对于登门的顾客，态度特别和蔼，千方百计拉拢顾客，使生意成交。同时，为吸引客人采用显眼的幌子和商业广告。

二、市声与幌子

市声是商业宣传最原始的习俗，也是我国市、商传统的民俗标志。市声源于何时，已很难查考。据《梦粱录》《都城纪胜》等记载，南宋时已有市声社组织，专门模仿各地叫卖市声，进行表演并传承至今。北方相声和南方独角戏中亦有模仿各地叫卖声的传统。

叫卖声表现出“卖啥招呼啥”（如货郎）的特点。小贩为了兜揽生意，招徕顾客，常把自己的货物夸张为物美价廉、独一无二，即兴创作出带有口头传承性质的口语诗来，成为定型的诗歌、谣谚，一经被同行广泛使用，便产生极大的宣传性和诱惑性，多有节奏感与音乐性，如卖十三香的小摊贩，几乎都采用相同的歌谣叫卖。试看《卖十三香歌谣》首段：

说十三香道十三香，十三香要比五香香。
它一能炒菜，二能氽汤，
煎炒烹炸味道好，包饺子和馅最鲜亮。
你夹了一口菜，你喝了一口汤，可口便是最相当。
高人贵客少不了，迎宾待亲它为上。

代声是以其他物器敲打声代替叫卖的一种标志。依靠物器敲打声来招徕生意也是关东商贸的一种传统习俗，有的地方把它称为“唤头”。

除极个别以吹奏声为代表外，绝大多数采用打击声。如下乡货郎用的拨浪鼓、行医郎中手里拿的串铃（环形的响铃，套在手上一摇便能发出清脆的响声）、铜匠担上“咣嚓咣嚓”作响的金属串片、收买废品者手中的铜铃、卖油郎手中的梆子、卖牛奶小贩碰击得“叮叮嚓嚓”作响的“冰壶”以及磨剪刀、锔锅、锔缸的，都运用手中的击声器，发出或高亢，或低沉，或悠扬，或顿挫的旋律，向人们通知他们的到来。

剃头匠走街串巷，一手执一个大钢叉子，另一手拿一根细铁棍，从中一拨就发出“嗡嗡声”，三里五里都听得见。

幌子也叫招幌，千百年来得到人们的公认，已成为约定俗成的特定标记。幌子作为商业广告的一种最古老的形式，其设计简洁，色彩鲜艳，既有实用价值又有审美价值。因此，幌子在商业贸易中起着相当重要的作用。幌子是古代店铺用来招徕顾客的形象性的商业标记，历史极为久远，具有重要的民俗特点。“君使服之于内，而禁之于外，犹悬牛首于门，而卖马肉于内也。”[29]“宋人有酤酒者……悬帜很高。”[30]可见用牛头和旗帜做幌子很早就有了。从唐人杜牧诗“千里莺啼绿映红，水村山郭酒旗风”和宋代画家张择端的《清明上河图》中，也看到了酒旗作为幌子的风韵。

幌子千姿百态，种类繁多，大体上可分为形象幌、标志幌和文字幌等。形象幌以商品或实物、模型、画面为特征，幌子习俗中最原始、最直接的是以实物作为标志的。

如药铺的幌子由一块四周是白色，中间是一个黑心的木板制成。上下为直角等腰三角形，表示半贴膏药；中间是菱形，内涂黑圆心，表示一整贴膏药，上下用铁链连接。有的在两挂膏药之间，还有一个脚踏莲花的小男孩，表示该药铺里有坐堂郎中专治儿科病。还有的药铺幌子是用铜板做的，整个幌子由三部分组成：第一部分为天，是一个云天形的帽；第二部分为中心，是上下两块三角形及两块菱形的平板，板中间画着黑色的圆形图，象征摊在白布上的膏药或放在四角纸上的一粒黑药丸；第三部分为地，是两条鲤鱼，这是取“鲤鱼跳龙门”的吉祥之意。还有一种解释，说是旧时有一种性病，染上这种病的，严重的会流脓，因脓口的形状像鱼嘴，所以又管这种性病叫鱼口病，挂着这种幌子的药铺，也卖治鱼口病的药。

关于药铺幌子的由来，有两个传说。一说过去有个名医张先生，用膏药治好了长满一身疮的木匠王二和打鱼人老李头。为感谢张先生，王二用木板做了几块大木头膏药穿成一串，挂在张先生家门口。老李头拿了两条自己打的最大的鱼，没地方挂，就挂在木头膏药底下了，这就成了膏药幌子。另一说为纪念唐代名医孙思邈。他一生著医书近百卷，医治病症善用膏药，治好了很多病人，后来人们就把膏药作为孙思邈的象征，把膏药作为药铺幌子吸引人们前来买药。

旗帘是富有古风的酒店幌子。旧时酒店的门口总是撑出一幅黄色布酒帘，上面只写一个“酒”字，有的还在酒帘上绘一只酒坛，上书“太白遗风”。这是城市里比较文雅的“酒旗”或“酒幌”。昔日在农村或小城镇群众识字不多的地方，只挂较大的酒坛或酒壶模型做幌子，坛下或壶下坠以三角形红布为饰，招徕饮者。

饭店幌子不仅能向人们展示饭馆的种类，也可以用以区别饭馆的等级和饭馆主人的民族。大饭馆门外挂箩圈，小饭馆只挂个柳条或笊篱作为幌子。箩圈下缀红布条为汉民饭馆，缀蓝布条为回民饭馆，如果光挂个箩圈，则是卖笼屉的作坊；如果箩圈下有三根绳，则表示有笼蒸食品，绳子上结白花表示有包馅食品，挂两个箩圈的幌子表示能办酒席，等等。但在一些地方，箩圈还有另一个意思：一个箩圈表示是饺子馆、包子馆；两到三个表示是中型饭馆，可以卖炒菜；如果挂四个箩圈则是大饭庄了。至今，关东许多个体饭馆，还沿用这种幌子，有的还在箩圈内安马灯，现在则用电灯，甚或用多种红绿灯泡连缀为饰，夜里让人从老远就能看到饭馆门前的灯光，十分引人注目。关东的许多旅店也是挂箩圈幌子，小客店挂一串两个或三个箩圈，而鸡毛小店则挂笊篱做幌子，专招要饭花子、货郎子，吃得粗糙简单，如大饼子、豆腐脑之类。

挂柳罐斗加一个箩圈的是比较讲究的大车店，也有的大客店挂一长串箩圈，表示此处既可住店，又可解决吃饭问题。他们讲究“死店活开，一个去了百个来”。若是车老板住店，为拉关系，店住通常只收店钱，不收饭钱。

烟袋铺幌子也称“乌木条幌子”，表示此处专售烟袋杆。店幌子为若干乌木条，一横一竖若干条，一串约二尺长，下缀红色幌绸，挂一至数挂。乌木条表示制烟袋杆的原料。大烟袋幌子——表示此店出售全部烟袋零件，如烟锅、烟嘴、烟杆等，可配制完整的烟袋。大烟袋用木头制成，长一尺至三尺，有竖立于门旁的，也有悬于屋檐的。在没有火柴的时候，火镰是唯一可以随身携带的打火工具。因此，代卖火镰的烟袋铺便制成一长约二尺、系大红绸的木制火镰为店幌，作为代售火镰的标志。

皮铺多挂五根一尺半长的皮条为幌子，分黑、红、白三种颜色。挂黑皮条幌子多指熟皮铺，悬挂的皮张通常为黑色、红色、棕色，大部分做皮鞋用；挂红色皮条幌子指能做轨靴和卖轨靴；挂白色皮条幌的多是卖杆皮子的，指卖大车上的鞍鞯、套皮、杆皮、皮条、皮鞭、鞭梢等。有些店铺的幌子代表其行业特点。寿衣铺门前放一只大黑靴模型，颜料店挂若干木制彩色木棒，修车铺门前挂一个车圈或车带，鼓铺挂一串鼓，麻店挂八缕麻，草料铺用竹竿挑一束稻草。现代理发店门前有一个红白蓝三色相间的彩色灯柱，人们一看便知是理发店。

三、牌匾、字号及商业广告

要开一家像样的店铺，首先考虑的是设计出一块好的牌匾。主要条件是选料精良，做工精细，还要以金漆大字涂写，这样的牌匾能显示出店家的气度和财力。从制作工艺角度讲，能显得庄重、华丽，招人喜爱。

店铺牌匾一般可分为三种形式：一是横放在门口上方或店堂正上方的牌匾，其主要内容是该店铺的字号或名称。如长春的“益发和”面粉厂和“益谦和”药店。二是立在柜台上的竖招牌。此招牌也有放在柜台两头和放在包柱上的，并结合行业性质，选择高雅含蓄、有宣传性的词句，如药铺的“寿域宏开”、鞋店的“平步青云”、绸缎铺的“锦绣光华”、典当铺的“利在便民”。三是耸立门外3至5米高的冲天招牌，竖立这种牌匾，其主要目的是为了使顾客从老远的地方就能看见这家店铺的牌匾。

牌匾与幌子一样，是我国传统的行业、店铺的重要标志，是传承已久的中国商业习俗的重要表现形式。幌子主要表示经营商品的类别或不同的服务项目，是行业的标记；牌匾多用以展示店铺的名称和字号，是店铺的标记。从形态上看，幌子主要以形象的图案表现出售的物品或其服务项目，而牌匾多是在木牌上题写名称和字号。

人有姓名，店有字号，字号就是商店的名。传统的店名是富有民俗特色的。早在秦汉时期，就有“食肆”“酒肆”之称。唐代，尤其讲究典雅华丽，如《水浒传》中描写的“狮子楼”等。

旧时，士农工商对商人经营的商铺称号有多种叫法，如商号、字号、名号和牌号等。自古以来，各界都遵守“名不正，则言不顺，言不顺，则事不成”[31]和“名者，圣人之所以纪万物也”[32]的古训，在决定名号时，都慎之又慎。

清人把名目繁多的字号取义，找出共性的56字，编成一首七律：

顺裕兴隆瑞永昌，元亨万利复丰祥。
泰和茂盛同乾德，谦吉公仁协鼎光。
聚益中通全信义，久恒大美庆安康。
新春正合生成广，润发洪源厚福长。[33]

过去长春的大商号“益发合”车店、“泰发合”当铺、“泰和兴”饮食服务店铺（东丰）、“裕昌源”火磨厂、“世一堂”药店以及吉林巨商牛子厚经营的以“源庆升”为主的“升”字号网点等，都在顾客中享有很高声誉。

四、商贸趣俗

无论行商坐贾，在买卖交易中都可讨价还价或袖里提价，形成了丰富多彩的商贸趣俗。

（一）隐语与手势

买卖东西，免不了讨价还价，古代除很少的商店是明码实价不议价外，大多都可讨价还价。讨价还价可用口说，也可用手比。商帮买卖时，为了保守秘密，不使外来客商和行帮之外的人了解行情，常使用“袖语”。

过去人们衣着长衫，袖筒宽大且长，或撩起前襟，或缩进右手递去衣袖，在衣裳下或袖筒里，互相拉手指议价。如伸食指表示一，食、中指并伸表示二，食、中、无名指并伸表示三，再加小指表示四，五指聚拢为五，伸大拇指表示六，拇指、食指、中指相捏表示七，拇指和食指张大表示八，屈食指表示九。有“挠六、捏七、叉八、勾九”之说。过去商帮为保守秘密，议价时还喜用行话，即用不同暗号代表1至10的数字，如“由”（1）、“申”（2）、“人”（3）、“工”（4）、“大”（5）、“天”（6）、“主”（7）、“井”（8）、“羊”（9）、“非”（10）、“字”（100），“由字”表示100，“主字”表示700。中华人民共和国成立以来，各帮行语已基本消失，但也有人把人民币10元喊作“杠子”“大团结”，千叫“吊”，万称“方”。

我国古代商业史上出现的掮客，又被称为“居间人”“代办商”“经办商”。因居间商是为买卖双方说合贸易、评定价格需花费口舌的人，所以居间商俗称“牙人”“牙商”“牙郎”“牙侩”等。最初牙人是说合牲畜买卖的，后来扩展到各种买卖。

自古形成的集市交换是直接一次性交易，而有经纪人从事的交换则是间接的、两次以上的交易。换句话说，就是人们把要交易的物品换给经纪人，还要通过经纪人换回自己所需要的物品，这样便出现了一买一卖两次交易。我国最古老的经纪人被称为“质人”，如西周市场上就有所谓“质剂”之法。即凡是在市场上成交的商品都要由“质人”给买卖双方立书券约。这种质人（掮客）本身没有可买可卖的物品，他只给交易双方做中间人，从中得到报酬或好处，我国东北地区换瓦盆、换火柴的小经纪人也有这种居间商的性质。这种形式的居间商人在现代商品经济社会大为流行，许多人本身有职业，但协助说合一笔生意，便可得到相应报酬，因而一些人兼做“第二职业”，或称作“对缝”生意。近年已正式挂牌的一些中介事务所，就是这种居间商人性质的组织。

（二）新民胡同

新民胡同是长春市最早形成的商业、服务业等多行业聚集的闹市区。周围与大马路、永春路西四马路、西五马路等商业街相连，形成一个商业区网。

新民胡同，原名王氏胡同，设新市场后改名为新市场胡同，新中国成立后才改名为新民胡同。它出现于清宣统初期。约1909年，清朝地方政府为谋求工商业的发展，在长春市开辟了一个商埠地，以抵制附属地的日商。集资收买土地，扩大地域，开设商埠，发展商业区。后来于西四马路至西五马路之间开辟一新市场，将原有的鸿升烧锅（现一商店原址）及菜园地（现新民胡同区）全部买下，作为新市场的开发区，以发展商业、服务业。

开始，新市场较小，范围仅限于回宝珍饺子馆后面，方圆不过百米，商业、服务业较少。主要有荣家粥铺、贾家粥铺、杨家馆、丁家馆和一部分摊床，还有杂货、干鲜果地摊，是一条不太显眼的商巷。随着四周商业的发展和集中，这里就像一块磁铁，产生了很大的吸引力，各行各业开始向这里集聚。房阀赵虎臣（绰名“赵谷瘪子”）看准了这块宝地，在这里大兴土木，搭棚建房，连租带卖，从中盘剥，但也给商业、服务业开了方便之门，有利于网点的增加。接着，说书唱戏的、耍把式卖艺的、算卦押宝的、拉洋片卖药的竞相涌入。

1920年又建立了爱国茶园（新民戏院），占地1200平方米，又演戏又卖茶座。1921年租给侯景轩、陈广义等人，更名为新民戏院，成了市内风靡一时的戏院。著名京剧演员言菊朋、童芷苓、周信芳，评剧演员爱连君曾在这里演出过，因而游客剧增。相继又出现了四海茶社、百花茶社、三江茶社、富海茶社、东北“蹦蹦戏”，翠华医院也伴随而来。这就使新民胡同又由一般的商业区变成了一个闹市区。

闹市区的形成，为服务业的发展提供了条件。网点规模有了相应的发展，形成了庆长胡同以东，大马路以西，西四马路以北，西五马路以南这样一个范围的商业区域。后来又新增设了长月旅社、德庆钰药房和1926年由刘子羽经营的新民浴池，饮食网点增加到280家，各种网点、地摊有500多个。

“九一八”事变后，长春被日本帝国主义占领，成了傀儡政权伪满洲国的“国都”。日本侵略者为了实现其经济掠夺的目的，大量日商涌入长春，迅速遍布市区的主要街道，控制着大量重要商品，极大地遏制了民族商业的发展，也限制了中国人民生活的需求。在这种情况下，出于对日货的抵制心理和生活上的限制，中国人只能进出于民族商业市场。因此，新民胡同商业区仍然保持着原有的不衰势头。闹市的范围越来越大，吸引着市区居民、进城的农民，以及其他社会中下层游客在这里吃喝、住宿，消遣作乐，这里车水马龙，非常热闹。人们称之为“美食街”和“不夜城”。各行各业的网点、地摊有增无减，有饮食、理发、浴池、旅店、医院、药店、影戏院、地方戏、茶房、酒肆、书馆、修理、服装、毛皮、游乐以及妓院等1100多个网点、地摊，涉及40多个行业。

1934年，伪满政府将新民胡同内的妓院迁至欢乐地，这里的商业曾一度不景气，但后来修建了翠华公园，又招来大量的游人，很快恢复了繁荣。抗日战争胜利后，国民党占据长春，其间一些官僚、资本家、国民党军官盘剥、压榨、鱼肉人民，大肆挥霍，新民胡同成为他们寻欢作乐的“乐园”。一些权贵、豪富经常在这出没；流氓、赌棍、地痞常常在这里聚集；一部分市民、工人、农民有时也来看热闹，吃喝消费。饭店、旅店、茶馆、戏院等场所的营业情况出现上升趋势，据估算，营业额增长幅度在20%左右。一些危害社会的行当如妓院、暗娼、大烟馆、赌场等增加30余处。三教九流无所不包。

随着国民党的腐败，出现了全面的物资匮乏，通货膨胀，加上国民党官匪的掠夺，新民胡同急转直下，一衰再衰，商业、服务业一个个歇业倒闭。这个全市闻名的闹市变成了有市无行的死胡同。

长春解放后，党和人民政府对古老的新民胡同闹市进行了彻底改造，积极支持有利于国计民生的行业恢复营业，打击流氓、地痞无赖，取缔妓院、大烟馆、赌场，经过改造，恢复发展了饮食、服务、修理、卫生、医药、医院、服装、毛皮、干鲜果、副食、工艺等20多个行业，500多个网点、地摊，使这个饱经风霜的闹市很快恢复了生机，开始发挥它为社会主义建设和为人民生活服务的综合服务功能。

1956年，完成了对私人资本主义工商业的社会主义改造后，各行业的主管部门对这里的网点进行了调整，将摊床和地摊组成了合作小组，建立了以国营为主、集体为辅、个体为补充的社会主义统一的商业市场。网点虽然减少到300多个，但展示出闹市的新貌。“文化大革命”时期，新民胡同的茶馆、书馆、地方戏等场所被取缔，个体摊床也被取消，只剩下十几家国营饭馆，失去了综合性服务功能，顾客逐渐减少。一个繁华的闹市变成了极度萧条冷清的胡同。党的十一届三中全会以后，在开放、搞活方针的指引下，全市商业如雨后春笋般发展起来，商业区由原来的2个发展到8个，商业、服务网点增加了15倍，从业人员增加了三四倍，恢复了97处农贸市场。新民胡同中的集体、个体网点也有了很大程度的恢复和发展，各行各业的网点、摊床达到142家，日服务人数达万人之多，仍不失为主要商巷之一。

（三）当铺

当铺，旧时是以收取物品作抵押，发放高利贷的一种店铺。当铺在历史上还有典铺、解铺、解库、质库、长生库、抵当所等称呼。汉代时，典当在民间非常普遍，当时司马相如曾把自己穿的袍子拿到集市上阳昌家里去赊酒，有了钱以后再把它赎回来。现代意义上的当铺一般认为，出现于南北朝或更早。从唐朝起，典当行按东主的身份地位和资金来源划分，开始出现多种类型，即除了僧办以外，还有民办和官办性质的典当行。其中民办一般是地主、商人经营，而官办又有官僚自营和政府投资两种，从而打破了寺院质库的单一典当模式。

唐朝国力强盛，工商业发展加快，货币需求迅速扩大，这些都为民营典当业的崛起创造了有利条件。唐代民营典当行的特点之一是当本极低、当期极短，此类一般由地主或商人经营。与民营典当行资本短少的经营者相比，皇亲国戚、高官显宦就不大相同了。例如，曾横行唐天下数十年的太平公主，依仗其父唐高宗、其母武则天之威，不但横征暴敛，“田园遍于近甸膏腴”，而且热衷经商之利，“市易造作器物，吴、蜀、岭南俱造，相属于路”，“货殖流于江剑”。以此富可敌国之雄厚资本，她又在家中开设质库，其规模、实力可以想见。这是官僚资本最早向金融业转移的典型例子。

唐朝政府也涉猎典当，即所谓公私质库并举，此风亦波及五代十国时期。

宋朝也有官办典当行。北宋时，政府所设质库称“抵当免所”，后又改称抵当库、抵库。徽宗崇宁二年（1103）还曾下诏，要求官办典当行多设于集镇，因为这些地方“井邑翕集”，属于“商贩要会处”，客源充足。宋朝典当行最突出的特点有三：典当物品的变化，僧办，典当行的复兴。

金代典当行的发展颇具特色。其一是广设官办典当行。金世宗大定十三年（1163），政府在中都、南京、东平、真定等处置质典库，以流泉为名，各设使、副一员。其二是颁布典当法规。同年，政府在开设流泉务的同时，还出台了一项有关官办典当行的法规：凡典质物，使、副亲评价直，许典七分，月利一分，不及一月者以日计之。经二周年外，又逾月不赎，即听下架出卖。出帖子时，定实物人姓名，物之名色，金银等第分两，及所典年月日钱贯，下架年月之类。若亡失者，收赎日勒合于人，验元官本，并合该利息，依新价偿。仍委运司佐贰幕官识汉字者一员提控，若有违犯则究治，每月具数，申报上司。[34]

元世祖至元二十年（1283）曾以钞5000锭为资本设立公典，称“广惠库”，放贷收息。[35]进入清代后，典当业开始形成民当、官当、皇当三足鼎立的局面。民当，即所谓地主、商人出资开设、经营的民办典当行；官当和皇当则均属官办典当行。

当铺属于金融机关，有两种，一种是最原始的当铺，是由寺院为救济贫困者而设的，只要抵押物，不收利息，属于公益性质；另一种是营利的当铺，除要抵押物品外，到期要收回原本和利息。

1. 当铺的特点

清朝初期政府规定："官不经商"，取义于"官不与民争利"。但全国各地的许多高级地方官员与军职人员，大都以放款取息的形式成为各处当铺的主要股东。

20世纪20年代末以前，典当行业是商业界四大行业之一。这与典当时手续简便，不用保人，涉额可多可少，还款日期可长可短，又不问当款作何用等各种"方便"有关。

凡典当物品者，大多贫苦，如有天灾人祸的困难户或资本少的小商贩等。当铺以"裕国""便民""救济"作为招牌，合理合法地进行高利借贷，又向国家交纳大量捐税，深受政府欢迎和重视。在清朝，春节后当铺年初开业时，地方官专到当铺祝贺，希望"开市大吉""万事亨通"。

当铺分为典、当、质、按、押等类。典，以不动产（房屋、土地等）担保贷出现金，利率少而期限长（二至五年不等）；当，以动产担保，贷出利率较"典"要高，期限短，抵押物为上中流的物品；质、按、押的抵押物品较为低级，利率高，期限极短。

2. 组织与抵押物

20世纪20年代前后是典当业的鼎盛时期。当时，当铺的内部组织、铺房结构、铺规手续、程式习惯等方面都与其他商业不同，形成了典当业独特的经营方式。当铺的资本结构有独资、合资和股份公司几种形式。出资者多为地主、资本家、军阀和其他放高利贷者。

3. 当铺的设备

当铺的独特经营设备与其他商业大不相同。门前的幌竿上悬挂招牌，起到幌子的作用。招牌为木质，长方形，红地金字，中间书写正楷的"当"字，镌刻阴阳字均可，两面相同，下缀红布一条。

为防止匪盗，当辅多为"门里"的生意，即在高墙深院内建筑营业室，院墙四角有炮楼，营业室和号库均须位于阳面，营业室内设高于人体的"一"字形柜台，柜台内设有两个高的脚踏板，营业员站立其上，便于与当户对话。

账房为办公之处，如开当票、登记、整理当物等。号库四周设有坚固的窗棂，空气务求流通，温湿适度，防火、盗、鼠、虫，严防发生意外。

号库是保管当进物品的仓库，内设排列整齐的货架，便于存取。首饰号库，是用来保管珍贵物品（如金石珠宝、古玩书画等）的库房，与内账房、营业室紧紧相连，非指定的专职人员不能擅入；绝对不准外界人员（当地警察、税务人员除外）越“雷池一步”，防止丢失、损坏珍贵物品。

4. 特殊的规定

当铺是一特殊型的商业，它既不向外广告宣传，又不联系当户，自认为是“独一处”的典当行业，所以有下列规定。

讨价还价几次之后才能达成交易的习惯，在当铺与当户之间行不通。当铺规定只能有两次讨价还价的机会，当户在第三次讨价还价时，营业人员则拒绝答复。

典当业以“蝠鼠吊金钱”为符号，蝠与“福”谐音，而金钱象征利润。当铺的柜台高于借款者，后者需要举起抵押物典当，故被称为“朝奉”。在大门与柜台间有一木板叫“遮羞板”，另外有“票台”和“折货床”以进行交接手续；当铺为多层楼房，用以储存抵押物，而又因为典当业属高风险行业，当铺建筑亦有其特殊要求。

典当业以前也供奉行业神，如财神、火神、号神。号房内供奉号神、火神，一为求财，二为避免灾祸。供奉号神旨在对老鼠表示敬意，免得各种贵重毛皮、衣料、绸缎、布匹遭受破坏；供火神防止发生火灾。

第六节　交通民俗

一、汉族大车的传承与信仰

相传最早发明两轮车的是夏朝工匠奚仲。民间传说奚仲是黄帝曾孙帝喾的后代，他的父亲是船的发明人番禺。奚仲在夏禹时期任车正，职掌车服诸事，后被封为薛侯。人们认为薛国始祖就是奚仲。

汉族的传统运输工具主要是木制大车。初期为牛拉车，后发展为马拉大车。牛车分木轮、铁轮两种，单牛驾辕，如拉重物，旁侧也可加套一两头牛。牛拉车时顺车辙走，不用人管。一般车老板坐在前沿板上挥鞭赶车。遇险要处，车老板下车牵缰引路。

大马车运输力比较强，往来于铁岭、开原及松花江的法特哈边门一带，故又称“边车”[36]。大马车根据载重可分三类：重载，套马八至十二匹，可分为三节套，一匹辕马，两载“梢子”各五匹，余者拴帮套，可载重1500公斤左右。较轻的载重，需套马五至八匹，也是三节套。前面三匹，中间三匹，辕马一匹，加个外套叫“外掰”或叫“外撇”，可载重1000公斤左右。以上都叫三套马车。轻载三至五匹，二节套加上帮套，这叫两套马车。辕马需上坡擎住辕，下山坐住辕，力大、稳当、灵活、听话。辕马正前方的叫“川套”，右侧的叫“外套”，左侧的叫“里套”。里套是一挂大车的领路牲口，必须眼睛好使，耳朵灵活。所以里套最忌讳眼睛不好使。俗语说“瞎骡子打里——乱套了”，就是这个意思。

车老板有自己专用的术语和鞭示，口中一吆喝，鞭子一比量，牲口就知道主人的意图。如果往里走，车老板应喊“越越”；如往外，就吆“喔喔”；如站住，就喊一长声“吁——”，起车就喊一声“驾”。进大车店门洞时，挡门处有块方石，车老板用杆一墩马屁股，猛高喊“吠吠”，辕马就会高抬腿跨过石头。如果碰到泥洼子和土坡时，老板鞭子紧摇高喊“越越”，牲口就四蹄蹬开，尽力拉套。后来，铁瓦包轮的马车多换成胶轮大车，前辕驾一匹壮马或骡子，两侧可套边马一至三匹。马车跑得比较快，车老板在车上挥鞭指挥。马额上常拴红布，马脖下系铜铃，跑起来铃声清脆。山里山高林密，泥土松散，行车非常艰难。春季冰雪融化，道路翻浆，车辙一陷很深；到了夏季，山中雨多，道路泥泞；冬季大雪封山，路面滑如冰。车老板往往是“横垄地拉磙子——步步是坎”，稍不谨慎就车毁人亡。到闹套的地方，全凭车老板赶车技术和牲口的好坏。到危险地方，车老板如猛虎一般，双目圆瞪，两腿稳稳地扎在车的前厢上，手挥大鞭，甩得既恰到火候，又嘎嘎作响，只关键几鞭就可脱车马于险境。所以老百姓又管车老板叫“车虎子”。大买卖人家出高价、花重金雇好车老板的意图是不言而喻的了。车老板出远门的头天晚上睡好觉养足精神，临行前不说不吉利的话，特别忌讳“翻”和“扣”两个字。例如，吃鱼需要翻时，不说“翻过来”，为取吉利，要说“划过来”。过年贴对子，车上也要贴。对子贴在车厢的前门桩上，上联写“车行千里路”，下联写“人马保平安”。

车老板的着装也与众不同，一般都戴四个耳朵的貉壳帽子，脖子围搭绒的大手巾，身上穿小棉袄，外扎纯蓝或纯黑宽布腰带，腰带上别着铜嘴铜锅旱烟袋，下面系一个狗皮烟口袋，外面穿着光板皮大衣，脚上穿着特大号乌拉，能絮三斤乌拉草，行车免得冻脚。车老板一般不戴手套，少数戴手闷子，大部分戴皮套筒，个别图方便缝上皮套袖。手使大小两个鞭子，钻山林用大鞭子，过平道则用小鞭子，有的在树空中行车一鞭能甩出两响。

大车下面拴两个铁咕咚，一走起来咕咚咚直响，像驼铃似的。出大车，走山路，窄道错不开车，遇到夹槽沟更走不过去，常走车的老板一听到鞭子或铁咕咚的响声，就找宽一点的地方停下车，等对方过去再继续行进。当时，野兽较多，狼成群成帮，有的牲口戴“八里钟”，几里地外就能听到响声，前后大车都有个照应。当时，林区土匪多，“掌包的”（车主）骑着走马像探子似的在车前面打听路，询问道上太平不太平。还有的车老板懂得土匪规矩，遇到土匪时停车，致礼，向土匪道“辛苦”。动作和行话都对了，说明是家里人，都是一伙的，就不会被扣车、牵马或抢东西了。如果土匪一次堵了几十辆车，一般把懂规矩的车赶到一边，等处理完其他车辆后，再放这辆车。老板还要懂行车的规矩，大车上如果有女的叫车停下，车老板停车后离车要远些，背冲大车，给妇女方便。车老板出车最早是正月初五，一般从山里往回拉烟麻和房木，最讲究的拉色木捶板石和枣木棒槌。到腊月二十九回家杀盘套猪吃喜。

汉族的车马在农忙时主要用于送粪、拉庄稼、运粮食。一般是简易的大车，规格较小，叫“花轱辘车”，牛、驴拉拽即可。小户人家就用这种牛拉的花轱辘车送粪、运粮，也用以坐人，主要是赶集、串门时用。若是迎亲接新娘，则不但要用大马车套硬牲口（骡马），还要披红挂彩，以示喜庆和气派。

大车是东北旧时主要的运输工具。它是当时生产方式的产物，也反映了当时生产方式的特点，起到了承上启下的作用，后期的胶皮车、拖拉机、汽车的出现替代了马车。

从俄国传入的轻便马车，主要在城市中行驶。车的构造分两部分，前面是驭者台，后面是乘客座席，可并排坐两人，驭者台后有小侧座，人多时可挤坐此处。车轮是较为轻便的四轮（两大两小，后轮大，前轮小），由一马或两马拉车，一般都是敞篷车，亦有带篷的，更高一级的是玻璃车。使役的牲口都是阿拉伯大洋马。坐这种车的多为官僚、军阀，车也多是官衙特备的。20世纪70年代后，农村手扶拖拉机、四轮式小拖拉机、汽车等多了起来，马牛车逐渐减少。城镇汉族居民主要交通工具是自行车、小轿车、公共汽车和电车。

二、满族传统交通习俗

清初，满族以弓马著称于天下，所以骑马是满族的主要交通方式。农耕发展起来以后，乡间土道和官家驿道的修建，使满族的马牛车辆得到发展。1949年后，满族通常用的交通工具已和汉族一样。只在松花江上游的满族聚居地，还留有昔日迎亲用的土轿车、马爬犁等。

满族先民在绵延千里的茫茫林海里狩猎，辨方向、明路线是其安全往返的首要条件。猎人发现白色的鸟屎，便会欣喜万分。鸟在满族先民的观念中是能凌空飞翔、晓彻天神意图的灵禽，白鸟屎是“雀书”，不仅是吉祥预兆，也是指路辨向的路标。实际上，鸟的飞行是有规律的，猎人可根据其活动规律找到“雀路”。猎人还可以根据野兽的踪迹寻找猎道。这种猎道俗称“溜子”。他们在林中踏出猎道，并在这段猎道上做出路标，如在某棵树的显要部位砍掉一块树皮，露出的白茬就是一个易识的路标，众多的路标指明了猎道。

由于生产和生活交往的需要，农村很早便开辟出人行便道。满族农民远道运输一般都用畜力车。满族多聚族而居，可以依赖穆昆（家族）、噶珊（部落）的力量来修道，有腰道、茅草道、大道之分。满族又有“毁道瞎双眼”的禁忌。因此，满族村屯之间交通四通八达。

满语称狗车为“乌得气”或“白里台气”。狗车“以木为之，其制轻简，形如船，长一丈，阔二尺许，以数狗拽之”，“可于冰上雪中行之”。

满族称“木马”（今之雪橇，俗称滑雪板）为“恰尔奇克”。木马形如弹弓，长四尺，宽四寸，一左一右，系于两足，既而行之于雪中冰上，可及奔马。清初，木马多用木棍制作，后逐渐改用金属制造，称“雪橇”。

满语称爬犁为“法喇”，两根一丈多长的硬杂木杆，前端呈方形，高高翘起。杆上架一副车架子，宽三尺余，长七尺左右，有辕有底，无软毂，靠两根杂杆在冰雪地上滑行。

“爬犁，土人曰‘法喇’，以木为之，犁而有架，车而无轮。”[37]吉林省的爬犁几易其名，如狗车、冰车、雪橇等。爬犁用牛、马拉，或用几条狗拖拉，行于雪原，或驰于河道冰上，拉人载货轻捷简便。“有作车棚于耙（爬）犁上，设旁门，套鹿皮围，谓之暖耙犁。”[38]这种爬犁现在已罕见，但一般的马、牛爬犁仍常用。还有人拉的小爬犁和进山运木材的疙瘩爬犁。可载人的爬犁称“暖棚子”，好像轿车，装有篷架，外披裹毡毯，里面铺有兽皮，放着火盆。坐这种爬犁的多是达官显贵。吉林中西部农区，犁杖下地也由方架爬犁运输。爬犁上还可放置耕种土地的工具。运材爬犁分单脚和双脚两种。运材时通常用两节爬犁前后连成一套，由畜力牵引（今亦有用拖拉机牵引者），在冰雪道上滑行。冬季松花江封江后，昔日吉林城内三道码头，为了运输山沟里的山货，在冰上使用马爬犁，这也是当时江上唯一的交通工具。当时城里都烧木柴，多数在冬季采办，特别是接近年关时节，山村土特产上市，冰上的集市水院子成了交易场所。水院子的建筑很简单，顺着江下地坎处，搭起席棚；架上长板板铺，形成筒式屋子；对面铺板铺上谷草、炕草，客商便在这种铺上夜宿。对面铺可以容纳四五十人，大寒以后，气温虽在零下30摄氏度左右，但棚内因有火炉不断燃烧木柴，温度不低，可以安全过夜。水院子还在冰上用冰冻法围上木板围墙，并有可以开启的大门，便于马爬犁出入。院内有很多横排的马槽、拴马的横杆，用来喂牲口、拴牲口。这种水院子铺位便宜，货物在此销售，深受农民欢迎，因此生意兴隆。这个特殊行业，一直延续到丰满大坝合龙为止。

满族不仅男子善骑，女子也善执鞭驰马，不异于男子。十余岁女童，亦能佩弓箭驰逐。清杨宾的“经过妇女多骑马，游戏儿童能射雕”，说的就是清初满族的风俗。20世纪80年代，永吉一带山区的满族仍保留此俗。

人们赶集上店用的是铁瓦车和花轱辘大车。铁瓦车是一种经过改进的车，其车轮较小，外包一道铁圈，并在车轮上加上铆钉，比勒勒车更加结实耐用。

花轱辘大车分两轮和四轮两种，四轮车可分运木材、货物和载人两种。

清代贵族大户人家坐的马拉轿车，俗称“小车子”，其款式与轿子相似，可挡风、遮雨、遮阳。一般是青骡子（或马）驾辕，蓝布或蓝呢为罩，可坐一人或两人。做喜车用则罩以红呢红绸罩。坐这种车时，上车时要面朝前，坐着“委”进轿子中去，不能爬着进去，否则有失礼节。这种车清末民初还常见，现已很少见。

满语称独木船为“威呼”。据西清《黑龙江外记》载：威呼长二丈余，阔容膝，头尖尾锐，载数人，水不及船常寸许，而中流水荡漾，驰如竹箭，此真木舟也，遇河水暴涨，则联二为一，以济车马。满族人经常驾威呼闯急流险滩。凡类似的木制小舟，也通称“威呼”。清代吉林省的八旗打牲丁主要靠这种船采珠。

满族有句俗语“妇女产前产后，男人车前车后”，意为赶车的和妇女生孩子一样常有生命危险。长途行车的前一天，车主和赶车人都要祭拜祖先神，祈祷行车平安。行车中遇崇山峻岭，则焚香祭山神；过大江巨河时则祭河神、江神、船神。行车中不许说不吉利的话，尤其是早饭前，更不准乱说乱骂。车、马是穷富的标志，所以新添大车、牲畜视为吉祥之事，多在车上、牲畜的头部、尾部披红志喜。第一车往往拉一车木材回来，放在家里不用，以取“积财”之意。赶车人和车主对辕马特别爱护，如辕马死亡，通常不舍得扒皮吃肉，而是埋葬起来。辕马脖上经常挂一圈铜铃和红缨，行路时铃声响亮，红缨飘拂，十分威武。在满族不少姓氏的萨满祭祀中，祭神马的礼仪十分庄重、虔诚，反映了满族对马匹的重视。

往昔，每年船下水以前，船主要举行家祭，祈祷祖先庇佑行船安全。出海捕鱼，要举行隆重的海祭。恰喀喇人要祭海神奶奶，珲春一带的满族牛牯鲁哈拉、郭合乐哈拉以及巴拉窝集人要祭海神突忽烈玛发。

横渡第一船时，孕妇与寡妇不能乘坐，第二船方能乘坐。顺水行船要走上一里外，寡妇方可上船。行船时，妇女不许坐船头。摆渡人不许饮酒（收船后不忌），从开船、行船到停泊，不许在船上打架骂人，不许说不吉利的话，如“翻”“沉”都要用其他吉祥词代替。如携带锣鼓响器或其他乐器，必须先演一番，以娱河神。如遇风险或搁浅，除了祈祷河神外，不许大哭大闹。中华人民共和国成立后，现代化的交通工具，如汽车、拖拉机、自行车、摩托车、机动船逐渐代替了传统的交通工具，许多交通习俗已被新的交通规则所代替。

三、蒙古族传统交通习俗

蒙古族的传统交通工具是牲畜与车，用于交通运输的牲畜主要有马、牛、骡、驴、骆驼。

蒙古族谚语说：“歌是翅膀，马是伴当。”马被视为蒙古族生活中的重要伙伴和主要的交通工具。男女老幼皆善骑射。“其骑射则孩时绳束以板，络之马上，随母出入。三岁，以索维之鞍，俾手有所执，从众驰骋。四五岁挟小弓短矢，及其长也，四时业田猎。”[39]此俗一直保留到现代。蒙古族盛大的那达慕大会，离不开赛马，而且要唱长达几十分钟的《马赞》。旧时，蒙古族举行春祭时，向天祭拜，高呼“霍来霍来”，祈愿马群兴旺。骆驼，被誉为“沙漠之舟”，它只要吃饱喝足，可数天兼程不歇，善跋涉。驼峰间悬以麻盘的驼篮，可运货，人也可以骑着长途旅行。

勒勒车，又名“大辘轳车”“罗罗车”“牛牛车”，“勒勒”原是牧民吆喝牲口的声音。勒勒车因常以牛拉动，故也叫“蒙古式牛车”。勒勒车是为适应北方草原的自然环境和蒙古族生活习惯而制造的交通工具，现在东乌珠穆沁旗、西乌珠穆沁旗及其周边地区依然可见。

勒勒车的起源已经无法确考。不过，《汉书·扬雄传》有“碎轒辒，破穹庐”的勒勒车语句。“轒辒”就是早期的一种攻城车，说明秦汉之际，匈奴人就懂得造车。勒勒车的起源可上溯到《汉书》所记载的“辕辐”。南北朝时期，鲜卑、柔然、铁勒（又叫“敕勒”）等族，造车技术已经相当高超。北朝时的铁勒人就以造车闻名，他们造的车，车轮高大，辐数很多，很适应草原环境，正因为如此，铁勒人被称为“高车人”。辽代，蒙古族造车技术已经很发达，并且广泛用于游牧生活中。历史上，我国北方游牧民族较多，大都擅长骑马征战，军民合为一体。由于勒勒车在雪地和深草中行走迅速，因而时常作为战车在战争中使用。在平时生产生活中，勒勒车主要用于拉水、运送燃料；倒场迁居时，装载蒙古包和其他生活用具和用品。从秦汉到20世纪七八十年代的两千余年中，勒勒车一直是草原牧人最重要的交通运输工具，有“草原之舟”之称，在蒙古族的生产生活中发挥着巨大的作用。

勒勒车制作，通常主要以草原上常见的桦木为原料。它的构造分为车上脚和车下脚两部分。车下脚是由车轮、车轴、车头组成的。蒙古车的车轮子一般是用六个木辋组成的，辋为弧形，衔接为一个轮子。车轮的高度为150厘米，每台车共两个车轮。车轴心长达45厘米，外端直径约为29厘米，内端直径约为32厘米。轴条一般用榆木和柞木制作，每根长达65厘米左右。车轴心与车辋之间，放射状排列36根车辐，支撑车轮。车轴两端有车头，这些部件构成车下脚。车上脚是由车辕、车撑、车槽组成。车辕长达4米多，勒勒车后半部分配以八至十条横撑，辕穿过约150厘米的车槽。在两辕顶端系以编好的绳状柳条，套于牛脖子悬的横木上。勒勒车辕条短，不易倾倒，驾驭起来得心应手，很适应本地山岭沟壑地形。

勒勒车是牧民流动的家，车上可带篷。带上篷，车厢开时若船舱，“行则车为室，止则毡为庐”，常常是一家人住在里面。它的特点是车身小，双轮大。勒勒车车轮高大是因为牧区冬天雪深过膝，夏季草深，沼泽多，轻便灵活、车轮大的勒勒车，无论是牧草繁茂的草场、积雪深厚的雪野，还是泥泞的沼泽或者崎岖的坡道，都能够顺利通行，因此被牧人誉为“草上飞”。这种车除了搬运毡房、物资、生活用水外，战时还常用作驮运军队辎重的战车。

过去蒙古族一般人家有五六辆勒勒车，多的有几十辆。行走时，每辆车用一头牛拉，然后将各车连在一起，一个妇女就可以赶20至30辆车。蒙古人“车上造家，以车为幕”，是说牧民在游牧迁居时，把几辆乃至几十辆勒勒车连在一起，围上毡棚，可挡风雨，好似游动的蒙古包，家具、乳肉也载其上。如今，现代交通工具进入了草原，勒勒车大为减少。

清末，蒙古族聚居区随着农业的开发，大铁车增多，一般人家用三匹马拉车。此外还有带篷的轿车，可坐人，也可做流动仓库。王公贵族长途远行时，为避免鞍马之苦，常坐骡驮轿车，这种交通工具现已基本绝迹。

四、朝鲜族传统交通习俗

朝鲜族聚居区处于长白山环抱之中，其间山脉纵横，河川密布，间有水田平原，故而形成了独具特色的交通运输工具及其习俗。

牛车是朝鲜族的传统交通工具。车为木制，车厢为长方形或长形，两根长辕的后端压在车厢下的车轴上，尾梢露在车厢后，前端则用弧形圆木连成一体，圆木架在牛颈上用绳系紧，该圆木叫作“衡”。为了适应山间坡地的运输，车的两轮很大，车轮中心离地约三尺，以防车箱底部磕碰石块或卡在小土包岗上。因只用一头牛，赶车时，车老板一般不用长鞭而用短鞭或小树枝。原野平川则多用四轮车，四轮车前轮比后轮小，安有活动装置，以便掌握方向。无论两轮车还是四轮车，均为木制，最外层用铁车瓦围裹。1949年后，逐渐被胶轮车代替。20世纪80年代后，以胶轮牛车为主。

注释

①〔清〕云生修，英喜纂，金恩晖、梁志忠校释：《打牲乌拉志典全书》卷一。

②〔清〕云生修，英喜纂，金恩晖、梁志忠校释：《打牲乌拉志典全书》卷一。

③《御制诗二集》卷五十至九十。

④据中国人民政治协商会议吉林省扶余委员会文史资料研究委员会编：《扶余文史资料》第三辑，内部资料，1985，第6页。

⑤〔清〕云生修，英喜纂，金恩晖、梁志忠校释：《打牲乌拉志典全书》卷一。

⑥吉林贡生富森曾吟有"乌拉八景诗"，其诗为《渔楼晓景》。

⑦据《西安县志略》。

⑧据《西安县志略》。

⑨据《盛京典制备考》。

⑩《奉天通志》。

⑪施立学：《乾隆诗里的乐山镇》，《长春日报》，2017年11月28日。

⑫《康熙朝实录》第二四三章。

⑬据〔清〕杨宾：《柳边纪略》。

⑭李澍田主编：《打牲乌拉志典全书 打牲乌拉地方乡土志》，吉林文史出版社，1988，第87页。

⑮古仙人，传说他食松子而成仙，将松子遗尧，尧不受，他人食之活二三百岁。引自〔明〕王世贞著，《中国的神仙》，岳麓书社，2003。

⑯据《关东的白桦文化》，《吉林日报》，2012年9月13日。

⑰据《大清会典列则》卷十二。

⑱据《大清会典列则》卷十二。

⑲据〔清〕杨宾《柳边纪略》。

⑳据《吉林通志》。

㉑〔明〕方承观：《卜魁竹枝词》。

㉒赫哲族歌谣。

㉓〔清〕杨宾：《柳边纪略》卷三。

㉔《临海水土异物志》。

㉕《唐木草》。

㉖据《吕氏春秋·慎大览》。

㉗据《史记·平准书》注。

㉘据《易经·系辞下》。

㉙据《晏子春秋》。

㉚据《韩非子》。

㉛据《论语·子路》。

㉜据《管子·心术上》。

㉝据〔清〕宋彭寿:《安乐康平室随笔》。

㉞据《金史》。

㉟据《元史》中披露的官办典当行的若干史料。

㊱据《吉林新志》。

㊲据〔清〕杨宾:《柳边记略》。

㊳据《吉林汇征》。

㊴据《黑鞑事略》。

扒炕

第三章　居住民俗

东北各民族民居，是民族风俗的重要特征之一。由于受地理条件、气候条件、经济生产方式和社会发展水平的制约与影响，各民族居舍的结构形式、聚落的布局也呈现出一定的差异性，并且有着相对稳定的传承性，反映了各民族在漫长的历史发展过程中，逐渐形成的具有本民族特点的居住民俗。

第一节　汉族居室

一、城镇居室

昔日居住在城镇的汉族富裕人家多住四合院式的砖瓦平房，前后各三五间，两侧各两三间。前屋一般用于商号门市部，后屋为主人一家的居室，两厢用作书房、会客房或作管家的卧室。人口少的人家也用作仓库。前屋通往后屋的过道上立一影壁，正面书写一个大的“福”字或“寿”字。院墙多用砖、石砌成。

城镇一般平民之家，多是租房住，一个四合院内，合住数家，或一家一室，或一家两室，名谓“大杂院”。有的小康人家住瓦房，或三楹，或五楹，俱起脊，旁接一间，称为“耳房”，多堆放杂物。

托土坯

二、农村住房

农村乡绅之家住房，多为砖瓦结构，并筑高墙大院。正房五间或七间，厢房三间。正房住家人，厢房住仆人或作仓库。个别富裕人家，大院四角有炮台，院内分前后庭或东西庭。门前和城里官宦人家一样，有石狮、拴马桩、上马石。

贫苦农民多住"干打垒"房或以草盖顶的草房。有的还住窝棚，即半地穴式的土房，上盖树枝茅草，俗称"地窨子"。"人民居住多从旧俗，土房、草房，比比皆是，湫隘卑陋，习为故常。"①

三、室内结构

东北汉族的屋子，屋顶一般是起脊两坡式，在长春、乾安一带多风之区，间有平顶房，屋内都有火炕，或砖砌，或铺石，也有泥坯的，上置炕席。富裕人家一屋一炕，一般人家屋内多是对面炕。富家在炕席上铺厚毡毯，用绸缎被褥；一般人家在苇席上铺麻花被褥，有的穷人连破棉褥也没有。富家屋内有组合箱柜（即上箱下橱，又称"疙瘩柜"）、大立柜、八仙桌、穿衣镜、对花瓶、大座钟等；一般平民家只有躺箱柜、对木箱、碗橱柜。

四、居室习俗演变

农村仍以土房、草房为多，砖瓦结构的房子逐渐增加。城市住房以砖瓦结构的平房与楼房为主，大部分职工住的是公房。屋内有暖气设备的睡木床，没有暖气的仍睡火炕。一厨一室的住房面积约为20平方米；一厨两室的为30至50平方米，这样的单元房最普遍；还有一厨三室一厅的，约为60平方米。城镇的住房多有上水管和下水道。

农民的房子一般是正房三间，中间为厨房，称为"堂屋"，两边的房子住人，屋里一般有对面炕。正房外常带一偏房作仓房，或有独立的仓房。

20世纪70年代以后，城镇的楼房激增，四层至六层楼房为多，室内均设有上水管、下水道、暖气和厕所。环境优美、生活方便的居民区正在形成。

农村的砖瓦房大为增加，一些地方也盖起楼房。农村的砖瓦房都比较宽敞，式样也日趋

踢大钱

多样。不少人家建起了土暖气，室内有炕也有床，一般是冬睡炕，夏睡床，或老年人睡炕，年轻人睡床，城里流行的现代化家具与电器开始在农村普及。

延边地区的不少汉族民居吸收了朝鲜族房屋的特点，形成了一种新式样，从外表看，外形接近一般的汉族房屋，里面却基本是朝鲜族式的，木拉门代替了砖坯的隔壁墙，安上了朝鲜族式的炉灶、铁锅，这种房子炕大、宽敞、暖和。

五、居俗

建房上梁时要放鞭炮志喜，有的地方要唱《上梁歌》，歌词多是向房主祝贺的。房屋一般是连排式，房脊高度不能超过左邻右舍，院墙不能过高。不能对准大路或小路开门，遇有这种情况，要修一座影壁墙，或者在大门上挂一面镜子辟邪。中华人民共和国成立后，这种风俗逐渐消失。“居民有室无堂，寝食、起居、待客均于土炕。炕高二尺有余，阔长五六尺，男女各盘膝坐，南为尊，西次之，北为卑。夜卧则头临炕边，脚抵窗，无论男女、尊卑皆并头，如足向人，则谓之不敬。”[②]这种居俗在1949年后仍有保留。

第二节　满族居室

满族先民曾经长期居住在草房中。女真时期，人们“或穴居而处，或采桦叶而居”。时至今日，吉林长白山区挖参的放山人所搭设的“地窝棚”仍以满语“戗子”命名。而当其过渡到以农耕为主的定居生活之后，居住的房舍便开始讲究并具有本民族特色。满族修建的草房，其墙壁有土筑、垡、泥堆等不同的垒筑方法，其中以“垡”最耐久。“垡者，野甸泥块土草结成，坚如砖”[③]，即将泥与草搅拌在一起打成土坯，垒墙而成。

糊窗纸

还有一种墙叫“拉核墙”，或作“拉合墙”，又名“挂泥壁”。“核，犹言骨也，木为骨而拉泥以成”[④]，故名“拉核墙”。其筑作方法是“纵横架木，拧草束密排横架上，表里涂以泥”。另外，满族草屋多为顶起脊，架木板或木棍，其上苫铺房草（谷草或苇子）。房草一般厚达二尺，苫一遍房草可用10至20年。

不论是筑墙，还是苫草，其原料多为就地取材，并有防寒保暖之特性，很适合东北寒冷地区的生活环境。下面就民俗中的具体事象做一介绍。

一、斗室

清初满族的居室，一般是坐北朝南，凡客舍，无论三楹五楹，均在东边开门，形如口袋，故称“口袋房”，又因形似斗形，故又称为“斗室”。房内布局：进门是伙房，又称“外屋”，大小或一楹、二楹、五楹不等。有的伙房东西墙都开门，成对称布局，称“对面屋”。屋南面开窗，窗户宽大，分上下两扇。

上扇顶端两侧有木轴固定，可以向屋内开启；下扇装在窗框木槽里，可以摘下。窗户多糊拉力强的高丽纸，一般糊在窗棂外侧，并涂豆油、苏子油等，以防雨水并增加透明度。这也是“关东三怪”之一——窗户纸糊在外。

二、四合院

清中叶以后的满族住宅，一般有四方形的宽敞院落，其中坐北向南的房子多为正房，通常为三间或五间，每间长4米左右，中间开门，进门为堂屋，内置锅、灶、饮食用具。西间为大，称“上屋”，一般由家中长辈居住，东屋多由晚辈居住。院子的左右筑有东西厢房，西厢房多为碾磨房和放零杂物品的仓库；东厢房一般存粮，人口多的也住人。有东西厢房的人家，再砌墙修大院，建门楼，组成四合院。在农村，这种院子由柞木细杆围成，俗称“障子”。农家的大门，一般只有两根竖柱、两扇大门，俗称“门楼子”。近代，满族普通人家除了正房外，一般只有一个仓房。

抹墙

三、影壁和神杆

清末民初，一般的满族人家，一进大门，横筑一面墙叫“影壁”。富贵人家，在影壁上绘有日出云海、龙凤呈祥等传统图案。

在影壁后，竖一根长至九尺，碗口粗细的木杆子。杆上端贯一锡斗或木斗、草把。此杆称为“索罗杆”，俗称“千年棍”。传说，清太祖努尔哈赤年轻时，手持索拨棍，头顶北斗星，在长白山挖参，艰苦创业，后来打下江山。索罗杆即努尔哈赤挖参时的索拨棍。

杆上的斗和草把，是放五谷杂粮和猪杂碎的，以供奉乌鸦、喜鹊，因为这些鸟雀曾救过努尔哈赤的命。实际上，满族立杆是为了祭天，是古代祭神树风俗的一种演化。古籍中有北方先民立杆祭天的记载。影壁和索罗杆成了昔日满族住宅的独特标记。中华人民共和国成立后，影壁和索罗杆日渐绝迹。

四、火炕、烟道

满族的火炕由来已久，早在金代初期即有记载：女真人“穿土为床，温火其下，而寝食起居其上”[⑤]。清代满族（包括汉族）火炕继承了金代女真人的居住风格，并有所发展。满族老宅，烟囱建于屋侧房山外二三尺处。早期多用空心整木做成，后来也用木板围成，亦有用土坯或砖石砌就的。烟筒底部有窝风巢，以回挡逆风，使烟道通畅，又不易倒塌。

五、卧室的布局

火炕最大的特点是环室三面筑火炕，这种炕也叫“万字炕”（“卍”字炕）。一般南、北炕为大炕，东端接伙房灶，西炕窄，下通烟道。西炕上一般不摆设杂物，尤其不能挂人物图画或照片。因为在西炕墙上端供着神圣的“窝撒库”——祖宗板，这是一种表示吉祥和家世的剪纸。西炕一般不能坐人，连贵客挚友也不能坐。北炕墙上放着盛放宗谱的谱匣。南炕梢一般放描金红柜，北炕梢陈设一只与炕同宽的长木箱，俗称“躺箱”，上放被褥和枕头。北炕（或南炕）上常放一张小炕桌。冬天，炕上放一只泥制或铁制的火盆。满族居室宽敞、实用，摆设简朴大方。满族酷爱清洁，连泥盆都擦拭得黑中透亮，展示着这个民族的勃勃生机和对

打墙

美的追求。

有的满族人家把卧室隔为两间，北间靠炕头部分叫“暖阁”，老人多睡在这暖和、安静的暖阁里。

满族妇女生产时，择一房作产房，或盖起一个简单的房子（“撮罗子”）当产房，等婴儿满月后再回原住室。靠西侧的暖阁不许作产房，因为西墙上有祖宗板。在产期，堂屋里祭供的马神神偶或代表女神佛朵妈妈的柳枝，都要用黄布遮盖起来。

往昔满族住宅的照明也别具一格，有熊油灯、鱼油灯、糠灯及煤油灯，至冬季则有冰雪灯、冰蜡灯等。

清代满族贵族的住宅富丽堂皇，其宅院基本结构如一般满族人家，只是院内有第二道花墙，院子分为前、后两院。前院有东、西厢房，东厢房为杂役住房，西厢房为磨碾房、食品库，东、西厢房和院内花墙之间有小仓房，也称“耳房”，满语叫“哈次”。整体是二进六合院。门楼前西侧有下马石，东侧有上马石，门楼中间为大门，两侧各为一房，内设炕，并设有刀枪架子和弓箭挂。内院中有如一般满族四合院，只是东、西厢房有雕花楼盖式扶走游廊，有前廊后厦之说。现乌拉街满族镇保留的清代宅第，就是这种建筑。

第三节　蒙古族居室

一、蒙古包

蒙古包，蒙古语称“格勒”，古代有“毡帐”“穹庐”“庐帐”等名称，清代受满族影响，叫“蒙古博”（博，满语，家）。在蒙古族的一支民歌中唱道：“因为仿造蓝天的样子，才是圆圆的包顶；因为仿造白云的颜色，才由羊毛毡制成。这就是穹庐——我们蒙古人的家庭。”歌词反映出蒙古人对其祖先在长期的游牧生涯中创造出来的草原住宅的自豪与深情。

蒙古包支架的骨干是直径一寸粗的柳木，包顶用七尺多长的柳条编成扇形椽子，中间是有四根横撑的圆形天窗，接合处用皮条缚紧，成伞架形。包的内壁为交叉编成的五尺高、七尺长的柳网，蒙古语称“哈那”。普通小包用四个哈那，大包可用十二个哈那。包顶和侧壁覆以羊毛毡。小包，适于游牧搬迁。经常移动的蒙古包称“乌尔古格勒”，较为固定的称“托古尔格勒”。

蒙古包偏向东南开门，包顶有天窗。包内右侧为家中主要成员的座位与宿处，左侧为次要成员的座位与宿处。包中央设有火炉，可做饭取暖，烟筒从天窗伸出去。地上铺双层三角形羊毛毡，上铺一层好毡。门和炉旁铺有牛皮，人们可用牛皮擦鞋。蒙古族以西为贵，信喇嘛教的人家，在包内的西侧设置佛龛，供奉佛像。

一般来讲，一对夫妇及其子女住一个蒙古包，其兄弟子侄另住。新婚夫妇要建新包，有的是女方父母陪送。人口多或家境好的有几个蒙古包，长者居最西侧的包。1949年前，妻妾多的，每个妻妾各居住一包，正妻居西边。蒙古包外多用树木围成篱笆，形成家院。院外有畜圈，院内设仓库。仓库是旧包或盖毡的篷车。

二、定居型房屋

清代，有满族公主下嫁的旗或兴建喇嘛寺的地方，砖瓦结构的建筑较多。随着社会的发展，蒙古族居室向定居型发展。近百年来，东北农业区或半农业区蒙古族已普遍定居，建造了土木结构的房屋，其式样与汉族相近。西房为长辈居所。内室有对面炕，灶房有离地二尺左右的火塘。旧时，蒙古族居室有严格的等级，旗扎萨克（清代职官名称）多回廊式住宅，上房、厢房各七间。王族长辈五间，受封的亲王、郡王、贝子、贝勒、辅国公及图士载格其（协理）的府邸为“滚龙”瓦顶，梅林、章京、百岱、台吉的住宅为“鱼鳞”瓦，平民不得僭越。

中华人民共和国成立后，这些阶级差异已不存在，农民、牧民的居室都有了很大改善。土木或砖木结构的住房注重采光，多用四合玻璃窗或折页玻璃窗，其室内设施也逐渐现代化。蒙古包用钢架支起，前后有窗，内有床或炕。随着社会的发展，定居型房屋逐渐代替了蒙古包。

第四节　朝鲜族居室

一、草房

自清末到1949年之前，农村朝鲜族居室主要是土木结构的草房。以木搭架，以土垒墙。房顶多为四坡水庑殿式，用稻草或谷草苫盖，墙壁喜刷白色。中华人民共和国成立之后，随着经济的好转，房屋和内部结构不断地发展变化。一般民宅为三间，中间为大间，其中三分之二作炕，三分之一作灶间。大炕隔壁的大间全部铺成炕，用木板拉门隔成两间，一般朝阳的一间作客房，里面一间做晚辈的卧室。客人来访时，男客进客房，女客上灶间大铺炕。每个房都有一扇门，从上到下都是细木格子门棂，糊上白窗纸（俗称“高丽纸”），以透阳光。过去炕上铺芦席或高粱秆编的席子，后改铺黄油纸，娇黄光亮，十分干净。家具有箱子、衣笼等。一般农家有篱笆庭院，正面有大门，院房连接成直角形，连接处有一宽敞的厢房，厢房分上客房、下客房与小走廊，相邻房间有拉门，每间都有向外开的门。这种居室称“直角房”。

二、瓦房

乡村的富裕人家与城镇的小康人家多住瓦房，主要有悬山顶与歇山顶两种。悬山顶是两坡水的顶面，左右两端砌得很齐；歇山顶上半截为悬山式，下半截多庑殿式。个别的瓦房有砖壁瓦顶。瓦有板瓦、筒瓦、瓦当、脊瓦、鸱尾瓦。板瓦上饰有绳纹、网纹、席纹以及吉祥文字。瓦当多为莲花纹。整齐色黑的瓦垄，耸立的屋脊，瓯起的鸱尾，与雪白的墙交相辉映，别致美观。

朝鲜族居室多盖在朝阳、依山傍水、环境幽静的地方，住房前视野开阔，屋内阳光充足。

20世纪70年代以来，朝鲜族的房屋有了很大改进，农村的草房逐渐被瓦房代替，城镇居民绝大部分住进了有现代设施的楼房，现代家具和家用电器也进入了普通人家。吉林地区的某些朝鲜族农舍，其外形和汉族房舍相近，屋内结构仍为朝鲜族传统样式。在阿拉底、二道街等一些富裕地区，出现了朝汉混合式的二层楼房。

注释

①据〔清〕张凤台等编撰:《长白汇征录》。

②据〔清〕张凤台等编撰:《长白汇征录》。

③参见西清《黑龙江外记》卷六,黑龙江人民出版社,1984年。

④〔清〕方式济:《龙沙纪略·屋宇》。

⑤据《大金国志·初兴风土》。

第四章　饮食习俗

古谚云："国以民为本，民以食为天。"可见饮食在人类生活中占有十分重要的地位。由于受不同的自然地理环境、社会历史背景和经济文化条件的影响，吉林各民族饮食无论主食、菜肴，还是饮品都具有鲜明的民族特色和北方地域特点。

第一节　汉族饮食

1949年以前，东北汉族的饮食，各阶层之间差距很大。富者以大米、白面为主；平民以小米为主，辅之以高粱米、玉米等；贫苦人家以高粱米、玉米为主，辅以土豆、地瓜，常过着"半年糠菜半年粮"的日子。东北沦陷时期，日本侵略者禁止中国人民吃大米，违者视为"经济犯"，加以迫害。中华人民共和国成立后，广大劳动人民的饮食得到改善，细粮的比例逐渐增加。20世纪80年代，细粮比例已占一半左右。城市70岁以上老人、部分高级知识分子全部供应细粮。改革开放以后，粮食大幅度增长，城市及不少农村普遍以细粮为主食。

一、米食

大米可做粥、水饭、干饭、二米饭等。粥与干饭是米食惯例，与各地无异。

水饭是东北的特殊习俗，制法是将米做成稠粥，用凉水去粘汤，泡上洁净的凉水即成饭。吃起来清凉爽口，常用作夏食。

二米饭是以大米为主，掺一部分高粱米或小米，农家多掺芸豆、小豆，颇增香味，营养丰富。也有用大米与小米合煮做粥的。

二、面食

白面做的面食主要有饺子、馒头、豆包、油饼、烤饼、面条等。

饺子多以牛肉与韭菜或牛肉与芹菜为馅。用猪肉、鸡蛋、虾仁加少量韭菜制成的三鲜饺子更是家庭美食。汉族人家每逢节假日或有贵客来都要吃饺子。除夕晚上必吃饺子，寓意送旧迎新。

馒头多是面粉做的，松软暄腾。花卷、开花馒头、肉馅包子也是常吃的面食。

春饼用白面擀成薄饼，裹上绿豆芽、肉丝、干豆腐丝、韭菜、大葱和酱，吃起来别有风味。

馅饼由薄面皮包上猪肉、牛肉和菜馅烙制而成。

玉米面饼子俗称“大饼子”，用玉米面掺一部分黄豆面（俗称“杂和面”），贴在铁锅边上，中间加水蒸烤而成，也有的全用玉米面制作。

窝窝头是用玉米面蒸的底部带孔的金字塔形的面食。

煎饼是用稗子面、小米面或玉米面摊成的大张薄饼，可夹油条吃，也可单吃。煎饼多与豆腐脑同吃，是传统快餐。

臭馇子多用小米、玉米、高粱米等粗粮放水浸泡发酵，至发出淡淡的酸臭味，洗净碾成面，做成一种特制的馇子。馇子为两三寸长的粗面条状，煮熟后放卤子或蘸酱吃，爽口别致，汉族以及满族农家都喜吃。馇子成为城镇饭店的一种风味小吃。因发酵过久食用后容易中毒，现在食用者很少。

元宵多用白糖、芝麻、青丝做馅，在江米面中摇滚而成。吉林省只在元宵节吃元宵。

黏豆包用黄黏米面包红小豆或芸豆馅蒸成，一次蒸很多，冻在外面，吃时再加热。这种面食在农村很普遍，多在冬天食用。白面包豆馅制成的豆包也是城乡汉族常用的面食。

此外朝鲜族的黏米打糕、满族的苏子叶饽饽等也受到汉族的欢迎。

面包以及20世纪80年代出现的方便面等也是城镇职工的方便主食。

三、菜肴

吉林省汉族富贵人家的传统菜肴十分讲究，并有鲜明的地方特色，如用猴头蘑、蘑菇、飞龙、鹿脯等制成菜肴。一般人家的主要菜肴有酸菜炖猪肉。酸菜即渍菜，秋天用大白菜渍成，发酵后带酸味，脆生爽口，香而不腻。凉菜，多用生白菜丝、凉粉皮、肉丝拌成，是下酒的好菜。

夏天也用黄瓜、粉丝、干豆腐拌凉菜。一般农家还常备自制的咸菜，如咸白菜、酱萝卜、姜不辣、雪里蕻等，咸鸭蛋也是常见凉菜，还有茄子干、萝卜干、豆角干等各种干菜。

新中国成立后，贫富差距缩小，吉林汉族饮食吸收了其他兄弟民族的饮食风格，形成了独具风味的食谱，如猪肉炖粉条、干豆腐卷生葱、炝芹菜、炸菠菜蘸酱、小葱拌豆腐、冻豆腐汤、烧茄子、猪肉炖豆角、摊黄菜、皮冻、炸花生米、水晶肘子、白菜炖土豆、酱牛肉、熘肉段、木须肉、宫保肉丁、麻辣豆腐、烧鸡、红焖鱼、茄子炖土豆、蒸茄子拌酱等。产妇有吃煮鸡蛋之俗，并常以鲫鱼汤、鲇鱼汤催奶。进入20世纪80年代，五香鸡蛋、鸡汁小豆腐卷、新疆风味的烤羊肉串、朝鲜族风格的咸菜、烤明太鱼片等成为城市街头小吃。

东北中部、东部地区汉族以喝茉莉花茶为主，并以茶作为待客必备饮料。西部地区的汉族受蒙古族影响喜喝红茶。农民受满族影响，喜喝糊米水。延边地区的汉族受朝鲜族的影响，饭后喜喝凉水。

酒以白酒（又名“烧酒”）为主，以纯粮食制成的高度烈酒为佳。20世纪30年代以来，城市的人们夏天多喝啤酒（生啤、熟啤）。80年代以后，酒的种类渐多，主要有白酒、果酒、啤酒三类，农村汉族男子仍以饮烈性白酒为主。

第二节　满族饮食

满族饮食习俗受狩猎生活影响很深，并带有浓厚的北方民族特色。

一、黏食

清代，满族在传统饮食基础上吸收了汉族、蒙古族等民族的饮食习俗，形成了新的食谱。其时，满族以杂粮为主食，主要有黍、稷、玉米、大麦、小麦、稗、荞麦、大豆、小豆、芸豆，亦有稻。

民国时期，东北满族的主食和汉族相近，但在吃法上仍有自己的特色。满族爱吃用小米、黄米、稗子米、高粱米和玉米做成的干饭、稀饭、水饭和黏饭。其特点是酸、黏、酥、凉。净水饭，俗称“凉水饭”或“水饭”，是夏天的一种主食，即把用高粱米、小米做成的饭放在清水里泡。吃时，再用笊篱捞出，配以几样盐渍或酱渍小菜，清凉可口，消暑清火。黏饭中较有名的是黄米粥，又叫“拉拉粥”，用黏米加红小豆或芸豆熬成粥后，加上红糖、白糖和炼好的猪油，香甜味浓。

满族把馒头、包子等面食统称“饽饽”。饽饽的式样很多，如搓条饽饽、撒糕饽饽、炸饺子饽饽、豆面饽饽、蜂糕饽饽、叶子饽饽等。

馓子用东北特产的散头高粱（黏高粱）为原料，将黏高粱米面和成面团，搓拉成细条，用笼屉蒸或水煮熟后，拌卤酱成汤，入口筋道（有韧性）好吃。今天，东北地区的钢丝面便是由馓子转化而来的。

打糕用黏高粱米、黄米、江米（糯米）为原料，做法是把米上屉蒸成饭，取出和以清水，放在石板上用木榔头反复锤打成湿面状，再制成糕饼。吃时，将熟黄豆粉撒在糕上，或蘸蜂蜜与糖食用，十分可口。

玻璃叶饽饽俗称“玻璃叶饼”，玻璃叶即柞树叶。做法是把黏米面和成面团，做成皮儿，包裹小豆馅，后用玻璃叶裹上，上笼屉蒸熟即成。

苏叶饽饽的做法和玻璃叶饽饽相似，只是用苏子叶代替玻璃叶。苏子也叫“紫苏”，是一年生的草本植物，其籽可榨油，苏子叶可祛火消炎。苏叶饽饽芬芳爽口，也常被当作祭品。吃苏叶饽饽时，常拌熟猪油加白糖，香甜可口又耐饥。

淋浆糕，原料为高粱米面、黄米面、江米面。做法是将面搅拌均匀后，舀在布袋中，淋成方块或菱形块，蒸而食之。其质地松软细腻，味道香甜。

洒糕即切糕，原料为黏米面。做法是将屉置于锅上，按屉面大小，上铺屉布，先撒上一层煮熟的小豆，然后撒上一层黏米面，蒸熟后再撒第二层，层层撒之。如此，一直撒到与屉帮大体相同的高度为止。加糖食之，甘甜可口。

盆糕又叫“黏谷糕”，其做法与洒糕相同。只是把笼屉改成陶制的底部有若干小孔的“蒸笼”。糕成后，把盆倒扣在案子上，整个糕呈半圆形，高一二尺，吃时用刀切成片状，加上白糖。“色黄如玉，味腻如脂。”

二、糕点

萨其马是驰名全国的满族糕点，其前身是搓条饽饽。搓条饽饽的做法：把蒸熟的米饭放在打糕石上用木槌反复捶打成面团，然后蘸熟黄豆面搓拉成条状，油炸后切成块，再撒上一层较厚的熟黄豆面即成。后来，用白糖代替了熟豆面，搓条饽饽成了“糖缠”，更名为“萨其马”。

金丝糕用精面粉、糖稀、芝麻、青红丝制成。先将精面粉加入鸡蛋和适量的水，搅起泡沫后再加入一些精面粉，揉成面团，放置一段时间，切成细条油炸，再用糖稀拌匀，辅以芝麻、青红丝、瓜子仁等，切成方形即成。

牛舌头，金代称“大软指”，是一种油炸的黏性点心，制法与蛋糕同，只是做成“舌”形而已，外挂蜂蜜的为上品。

驴打滚，金代称“小软指”，是一种油炸的细条的黏性点心，以面滚馅，故称“驴打滚”，也可以外挂蜂蜜。常作为待客和婚礼的喜庆食品。

此外，还有水团子、豆擦糕、黏火烧、太阳糕、凉糕、卷糕、松糕等黏食。中午“打尖”也有吃饭团子或打饭包（用白菜叶包米饭酱菜）的。

三、蔬菜

满族一日三餐都有四碟小菜，俗称“压桌碟”，小菜有豆、酱、韭菜花和各种酱菜。做小菜的原料有葱、韭、蒜、生菜、香菜、水萝卜、黄瓜、芹菜，还有黄花菜、蕨菜、灰灰菜、明叶菜、抱头菜、小根蒜、猫耳朵、大叶芹、小叶芹、猴腿儿、红花根（野百合）等各种野菜，其味清香、别致。

秋末冬初在家院中的向阳背风处挖二米深的地穴，上放木杆，再盖上土，即成菜窖，容量可大可小，内藏白菜、萝卜、土豆等鲜菜。窖藏蔬菜可保鲜到第二年四月，色味不变。

酸菜，满语称“布素皆”。其制法是：秋末用白菜去根洗净装到缸内，放上清水发酵而成，能储存七八个月之久。其味微酸带甜，脆爽清凉，可以做汤、炒菜，或做水饺馅，或下火锅。其中酸菜白肉粉丝汤是东北地区最受欢迎的家常菜。

豆酱，用煮熟的黄豆糜做成块，发酵后（约需四个月），放在大缸里再加盐水，发酵一月即成。以酱做原料，可以做出许多美味的菜肴，如酱菜、酱鱼、酱肉、酱鸡蛋等。吉林农村，家家会做豆酱（即大酱），豆酱已成满、汉等民族的传统食品。

四、肉类菜肴

肉食在满族菜谱中占主导地位，其中禽兽野味占相当比例，其主要做法为扒、燥、烧、烤、烀等。扒、燥，即在炖煮肉食、蔬菜时，使汤水慢慢耗掉，使菜味浓香。

满族的渔猎生活对饮食习俗影响很深，其表现之一就是“天火肉”。古时，满族先民曾在林莽中集体敲石呐喊震山，凭借风势、火威、石击、弓射追剿猛兽。猎毕熄火，先用肥大的野兽之头谢天，谢毕，把野兽刮洗干净，放在火上烤，名曰“天火肉”，族人共享。清代满族萨满祭礼中的燎毛猪，实为“天火肉”习俗的延续。清中叶的“满汉全席”的基本特点是烧、烤，这种食法亦源于“天火肉”。

《清稗类钞》记载，满族烧制熊掌，用泥土封闭，后入火炙酥，敲掉泥；皮毛随泥脱落，白肉红丝，味美无比。也有用石灰水沸汤将熊掌剥净，然后用布缠煮熟而食者。

晾肉，将兽肉切成薄片，放在阴干处风干即成。晾肉多用野猪肉、狍子肉制成，后也用家猪肉制作。吃时将晾肉切成细丝，放锅内加少许白糖略炒后，用鲜汤浸肉，放入姜丝、葱丝等调料，用文火焖至汤尽时，淋上香油即成。其色呈紫红，甜咸适度。

古时，满族百鸟皆食，雁、鹌、山鸡、沙鸡、天鹅、野鸭都可入席，其中烤山鸡、烤大雁、炸铁雀都是名肴。以禽鸟肉为原料的宴席称“禽席”。

坛焖肉是把腌好的猪肉块装入坛里，放入老汤使之没过肉，加料酒、盐、白糖，并在坛口放一小碗，内放少许小米和水，将坛中水烧开后，文火焖烧，至坛口碗内小米成粥状即成。坛焖肉原汁原味，肥而不腻，浓香酥烂，深受老年人与儿童喜爱。

鹿肉在满族中直到清末还是一种常用肉类，有鹿馅饺子、清烩鹿尾、烧鹿脯等面食和菜肴。将鲜嫩的鹿肉直接放火里烤，称为“烤鹿肉”。

烧乳猪，用泥土将乳猪整个包住，放在柴火里烤一夜，直至泥土成黑色，用木槌敲开，那时乳猪滚圆焦黄，把蹄摘下，将内脏掏空，把葱、蒜等调味品放入肚中，直到调料味道都进入肉中，口感鲜美酥软。

燎毛猪，也称“烧皮”，原是满族祭火神的祭品，后成为满族的一种特殊风味食品。其做法是：把猪开膛后，取出内脏，不煺毛，从猪腿扒开，把整个皮肉扒下来，剩下骨头，去头，用9根柞木杆撑开，放在篝火上燔燎，直至毛焦皮冒油，再从火上移开，把皮刮得焦黄，洗净了再放锅里煮，煮到只剩瘦肉再吃。

将猪煺毛或扒皮，切成大块，用水煮至酥烂，用手拿而食之，为“手把肉”。

白肉血肠原是祭祀中的供品。白肉，满语叫“阿木孙肉”，也叫“努尔哈赤黄金肉”。白肉是把刚宰杀的新鲜猪肉放在清水中炖煮而成的。血肠是用猪肠灌血而成的。白肉血肠已是吉林省人民普遍喜爱的食品。

烤肉是把猎物用篝火烤后，用刀割着吃。后来，用灶烤肉就更为普遍了，再后来发展成熏肉。酱肉，清初称为“肉”，即酱制的大块肉。方法是把肉煮熟后，加上盐、酱。这种肉不仅味美，而且便于携带，容易保存。

皮冻，将刮净油脂的猪皮放入水中熬煮，直到猪皮融化，放入盐或调料，置容器内等其凝固后，切成小块即成。皮冻分“清冻”“浑冻”两种，是下酒的美肴。

“满人祭神……未明而祭，祭而全猪，去皮而蒸。黎明时，客集于堂，以方桌面列炕上，客皆登炕坐。席面排糖蒜韭菜末，中置片肉一盘，连递而上，不计盘数，以食饱为度。旁有肺、肠数种，皆白煮，不下盐豉。末后有白肉末一盘，白汤一碗，即可下老米饭者”为全猪席。[1]清代满族全猪席是吃“阿木孙肉”（白肉）的发展。但满族从不杀牛、马等大牲畜做菜，认为它们为人类辛苦劳动一辈子，不忍杀之。

五、鱼类、海味

满族常食的鱼有大马哈、鲤鱼、鳇鱼、鲟鱼、鲫鱼、重唇、草根、鳌花等。他们还食海参、海虾、海菜、海蛤、海鱼等。往昔，满族经常晾鱼干，满语称“奥尔克奇”，又常吃富有北国风味的“塔尔卜”（生鱼）。最有趣的是捕上活鱼后，即用湖水或河水煮，名谓“活水炖活鱼”。用鱼可以做各种美味佳肴，如鱼丸子、鱼肉青椒馅水饺、生拌鲫鱼等。

六、饮食禁忌

满族饮食禁忌与信仰祭祀有关，早期受萨满教影响很深。如做祭祖敬神的神糕，要在金秋时分，选择脐大粒圆的新黄米，妥善保管。在做打糕的时候，打糕人不能喧哗，身板要直。做神糕的女子，必须身体洁净。祭过神的“阿木孙肉”，族人围坐分食，以肉为饭，而且必须在祭祀期间吃完，如有剩肉和骨头，则要埋在高岗上的洁净之地。路人可以分享神糕、神肉，但不能带走。满族有忌吃狗肉的习俗。相传，黄狗救过老罕王努尔哈赤。狗是满族狩猎中的忠实助手，满族爱狗心理是在长期狩猎生活中形成的。

第三节　蒙古族饮食

吉林省蒙古族居住地大致可以分为牧区、半牧半农区、农区三部分，其饮食受地理环境、气候条件的影响。牧区以肉乳为主，辅之以粮食，保留本民族的古俗最多。半牧半农区，粮、肉乳并用。农区以粮食为主，以肉乳为辅。粮食的吃法接近汉族、满族，肉乳的吃法基本上保留了本民族的传统。中华人民共和国成立后，食俗有了很大变化，其传统食品主要有以下几种。

一、肉食

手把肉也称“手扒肉”，蒙古语“布胡里得那”，是蒙古族的上等佳肴。其做法有两种：一种是将羊宰杀后剥皮取出内脏，去头和蹄，把整个羊解成若干大块，放在白水里煮，不加调料，水一沸滚就起锅，用蒙古刀割、刮、卡、挖、剔着吃，肉嫩味鲜；另一种是将洗净的羊肉（去内脏与血水，多挑选羯羊）砍成三寸左右的块，放入锅中煮，加上各种调料，煮至八分熟即用笊篱捞出，控水后用植物油炒一下，放上调料，盖上锅盖焖至酥软，用大盘盛出食用，味浓鲜美。

将羊肉从第七肋骨至尾部处切下，带尾下锅，水沸后即取出，盛大盘中食用称“乌查”。

将全羊解为几段，用水煮熟后，按全羊形摆好，端上宴席，撤掉头与四肢食用，称为“全羊席”，吃时蘸调料。

将整羊去掉头与四肢煮熟后，放到无烟火堆上炙烤，边烤边涂油加调味品，直至羊肉表皮呈金黄色时，盛盘入席，分割而食，称为“烤全羊”。

在以上的吃法中，羊肉已不仅是佳肴，而且往往代替了主食。蒙古族将肉食统称为“乌兰伊德”，即“红食”。蒙古族主要食牛肉、羊肉和驼肉，忌食狗肉。

二、主食

炒米，蒙语为“胡日阿巴达”。将稷子放在锅里煮熟，捞出烘干，拌沙子炒出香味，然后簸去沙子，上碾子串好，再去糠皮，装入口袋，放在通风干燥的地方，既可用奶茶泡食，也可干嚼，还可与多种奶制品搭配食用，香甜可口。

蒙古族喜食的主食是馅饼，常在招待客人或节庆时吃，一般的蒙古族妇女都会做。

荞麦面，蒙古语“萨罕古日拉”，将荞麦面和好，擀成面条，清水煮熟后，拌韭菜花等调味品食用，也可泡羊汤与鸡汤，别具风味。

此外，还有在牛、羊血中放入荞麦面、猪板油和各种佐料制成的血肠以及肉粥等。从前，蒙古族主食与汉族、满族相同，但仍保留肉食及奶食习俗。

三、奶食及饮料

蒙古语“查干伊德”，即奶制品，分乳制品与饮料两大类。

奶酪俗称“酸奶子”，即将生奶放在容器里发酵，出现分离现象时，将水与漂浮物去掉后沉积的凝结物，具有清凉消暑的作用，可清饮，也可拌饭、拌炒米食用。奶油，分黄油、白油两种。黄油是将夏天浮在奶上的脂肪蛋白取出，过滤后炼制而成的。白油是黄油炼剩的渣子。奶皮子，在夏秋季，将奶放锅里用微火煨，当奶沸腾时，一面用勺子扬，一面用生奶点，直到奶的表面凝结出一层奶皮，将奶皮揭下晾干即成。奶干，俗称“奶豆腐”，将取出蛋白的酸奶沉淀成粉块，装入布袋挤压后，用器具制成各种形状的奶饼，晾干即成。这种奶干也叫“酸奶干”。近年又出现一种奶糕，制法是将鲜奶直接用火煨熬至黏米糕状时取出，加白糖食用。还可在白面中加牛奶或奶油，做成各种奶油糕点。

蒙古语“图古拉”即牛犊汤。将白面和好，做成菱形面片，用清水煮熟捞出，拌上牛奶和奶皮子再煮，放上白糖、黄油，搅拌后食用，甘甜美味，是很别致的一种吃法。

乳制饮料主要有两类：一是奶茶。将砖茶砸碎放入锅中煮，茶烧开后，放上鲜奶，再烧开后滤去茶渣饮用。喜咸的适量加盐，喜甜的适量加糖。可单独饮用，也可与炒米、奶皮子、手把肉等共食。二是奶酒。这是一种历史悠久的蒙古族酒类。马可·波罗曾在他的游记中说道："鞑靼人饮马乳，其色类白葡萄酒，而其味佳，其名曰'忽迷思'。"将奶置一皮囊或其他容器中，用一根一头粗一头细的棒搅拌，随后奶生气泡，像新酿的葡萄酒一样，并且变酸发酵；继续搅拌，提取出奶油，待奶味相当辛辣时，奶酒就制成了。据《蒙古酒考》记载："烈性的奶酒要经过六蒸六酿，每次要回锅加奶，至六次，称为'薰舒尔'。"一般奶酒用马奶制，故称"马奶酒"，牛奶也可制奶酒。陶宗仪《南村辍耕录》中把上等马奶酒分为紫玉浆与玄玉浆两种，玄玉浆又称元玉浆，"色玉清水，味甘香"[②]。

蒙古族视酒为快乐之友。清代以前蒙古族用大米、小米、小麦和蜂蜜酿酒。清代以后，主要饮用汉族生产的白酒。

蒙古语称茶为"切"，牧区多用红砖茶，城镇喜用花茶。红茶，蒙古族俗称"黑茶"。饮红茶，也称"青饮"。蒙古族很多人每天早上不吃饭，先饮茶；饭后、晚间都要喝浓烈的红茶。红茶有助于肉食的消化，保障了牧民的健康。

民国以后，城镇和农村的蒙古族饮食已逐渐与当地汉族趋同。至近年，已和汉族饮食无明显区别，许多传统风味食品已成为各民族喜爱的食品。

四、进餐礼俗

蒙古族人极为好客，并有待客的礼俗。如请客人吃手把羊肉，必以一条琵琶骨配一条长骨请客人先吃，牛肉则以一根尾椎骨配半节肋骨及一段肥肠进食。整羊肉称"看斯"，请客人吃"看斯"，表示尊敬和隆重。

在隆重的宴席或典礼上，主人要唱"进献看斯词"，从古代一直唱到当下，然后由晚辈用银制的蒙古长刀将整羊的羊头皮割成几个小块献给长辈以飨天、地、火神，随后将羊头撤走，把席上的整羊脊按一定顺序，割成方形，将零碎肉发给在场的小孩，而后请客人拿刀割肉进餐。接待贵客，必须用肥尾大羯羊做全羊席。

姑娘出嫁前，须煮羊胸脯肉吃，以示送别。羊的小腿骨、下巴颏、脖子肉等，多是晚辈和小孩的佳肴，蒙古族祭灶要用羯羊胸脯肉供奉。祭敖包、祭神佛，讲究用当年的羊羔肉做供品，平时进食先敬老人。

蒙古族的奶制品被认为是纯洁崇高的食品，因此招待客人时，先敬献"白食德吉"（一件或一块完整的食品，先尝的叫“德吉”）。在喜宴上，主人必先端出一盘洁白的奶豆腐或奶皮子，让客人品尝。家中有亲友要出远门，要用白食祝其一路平安。结婚典礼、晚辈生日时，长辈要飨以鲜奶，表示良好的祝愿。

中华人民共和国成立后，蒙古族吃手把肉与全羊席的某些繁文缛节已经简化，但盛情待客、敬重老人的风俗一如往昔。

第四节　朝鲜族饮食

一、主食

朝鲜族擅长种水稻，长年以大米饭为主食。朝鲜族用一种特制的铁锅煮饭，做出的饭分外香。

朝鲜族擅长做打糕，将泡好的大米放水中浸泡四至五小时后，捞出控干，放笼屉蒸半小时左右，再洒少许盐水闷半小时，将饭团放在木臼或石槽里用木制打糕槌反复捶打至糕状而成。

朝鲜族做松饼是把米面蒸熟后打成大黏团，再擀成小片，或把和好的米面擀成小片，包上小豆、豌豆、芝麻或苏子、栗子、白糖制成馅，蒸熟可食。

朝鲜族冷面已遍及东北。冷面是按比例将荞麦面粉、小麦面粉掺和在一起和面，轧成面条，煮熟后用凉水滤过，浇上特制的汤，再放上精牛肉或鸡肉、芝麻、辣椒油等调料即成。如若放牛肉片、蛋丝、熟鸡蛋、苹果片和梨片则更加美味。过去朝鲜族有正月初五吃冷面的习惯，认为这一天吃了长长的冷面，就会长命百岁，故又称其为“长寿面”。

二、菜肴

泡菜，选出有菜心的秋白菜，洗净后放进淡盐缸里浸泡几天，捞出后用清水洗净，掰开菜叶，涂上蒜、生姜、辣椒面和其他香料等调味品，腌渍在大缸里密封，半月后食用，味浓生脆，深受群众喜欢。此外有用萝卜、雪里蕻、缨菜等做成的泡菜，还有用明太鱼、花生米、小根蒜、苏子叶做成的咸菜，都以辣为主，别有风味，是当今东北最流行的家常小菜。

大酱汤俗称“酱木离汤”，以大酱、白糖、海菜熬成，有时也放肉或明太鱼，有一种特殊的风味。延边其他各族也喜欢喝这种汤。

狗肉是朝鲜族最喜爱吃的肉类之一，但婚丧或佳节时，不杀狗，也不吃狗肉。

除以上几种有代表性的菜肴以外，还有悦口子汤、烤牛肉、生牛肉脍、花菜、水正果、黏米血肠等。悦口子汤是用神仙炉（即火锅）随煮随吃的杂烩汤，可放鱼肉、蔬菜、木耳、蘑菇、胡桃、银杏、黄栗、松子仁、鸡蛋丝、辣椒丝等，随人口味自由选放，做到真正悦口，故名。汉族、满族不少菜肴也传入朝鲜族。朝鲜族喜食牛肉、鸡肉、海鱼，不喜欢吃羊、鸭及油腻的食物。过去吃饭以汤、饭与泡菜为主，很少吃炒菜，现今炒菜开始多了起来。

三、酒

朝鲜族男子喜欢喝白酒，此外还饮民间酿制的米酒、清酒、浊酒。浊酒，朝鲜语称“麻苛列”，家酿的米酒，比汉族米酒色白微甘。

四、进餐礼俗

朝鲜族多席炕而食。若一家三辈一起进餐，祖父独用一个小饭桌，以示尊重。婆婆和儿媳等女性一桌，儿子和孙子一桌。主食不用小碗分食，而是放在一个盆里，用匙子分吃。用餐时匙和筷子搭在饭盆边，如将匙、箸平放在桌上，即意味着已经食毕。一般年轻媳妇不上桌，在旁侍候。酒席后，多以歌舞助兴，连年过花甲的老人也载歌载舞。

中华人民共和国成立后，这些习俗开始变化，但宴席后歌舞助兴之俗保留至今。

注释

①据《春明梦录·客座偶谈》。

②据《瑟树丛谈》。

第五章　服饰民俗

东北各民族的服饰，凝聚着各族人民的历史传统、审美风尚、社会观念，有的还蕴含着一定的信仰色彩。自清初至今，吉林省内居住的汉、满、蒙古、朝鲜、回、锡伯等族的服饰随着经济和文化的发展而发展、传承、演变，在保持一定民族特色的同时，已具有明显的趋同性。

第一节　汉族服饰

清初，由于清廷对“龙兴之地”实行封禁政策，吉林境内的汉族人很少，大部分人加入汉军八旗，入旗的汉族人的服饰与满族相似，实际上这部分人已融入满族之中。未入旗的汉族人，其服饰也接近满族。清光绪后，大批关内汉族人到吉林垦荒、采参，其服饰保留了关内山东、河北故地的基本特征，又受满族服饰的影响，形成了一定的地域特色。

一、发式头饰

男子的发型如满族，前顶剃光，颅后留发，梳成单辫，垂于脑后。女子的发型幼时绾双髻，婚前梳大辫，多用红头绳束辫根及辫梢，婚后则在颅后绾髻，上覆发网。富贵人家的妇女常在发髻上插金、银簪子，并戴金、银、翠、玉的耳环，贫寒之家的妇女则多戴铜制的簪子、耳环。

辛亥革命后，不少中青年男子剪辫留短发，其发型各阶层不同，农民、工人多剃光头或留短平头，知识分子或富贵人家子弟则留分头，有正分、偏分、一边倒等流行发式。极少数青年男子，还留有长辫，民国以后逐渐绝迹。妇女的发型也有多种变化。学生与知识阶层的妇女多留齐脖短发，显得利索文静。姑娘多留两侧双辫，双辫有长有短，单辫以长为美。20世纪30年代以后，城市开始流行烫发。已婚妇女仍有颅后绾髻之俗，青年妇女额覆短发，俗称“刘海”，颇增妩媚。

1949年后，农村老年人的发型基本保持传统样式，城乡的中青年妇女流行烫发，其式样每个时期不一，波浪式、马尾式等此起彼伏。20世纪80年代后，国际上流行的一些女式发型，如自由式、开放式、爆炸式，也开始在一些青年女子中流行。传统的辫子发型在农村较多，城镇中已逐渐减少。在颅后发根扎一根绳，余发披于后肩，或不系绳，直接把头发梳平后披肩等发型也相当流行。普通人家的女子也常戴耳环、项链。学生与知识阶层妇女很少戴耳环，只有少数妇女绾发髻，插现代式样的簪或其他发饰。

男子留短发仍是主流，有平头、分头两大类。20世纪80年代中期以后，受外国嬉皮士、朋克等影响，城市的个别青年男子蓄长发。

二、服装

清代根据朝廷旨令，男子必须剃发易服，所以，改变了宽袍大袖的装束，代之以长袍马褂这种基本的服饰。汉族官宦、绅商之家的成年男子多以绫、罗、绸、缎、绵、棉、裘皮制衣，按节气替换，颜色喜青色、银灰或古铜色，样式多为短衣、短裤，冬天外罩皮棉袍，秋夏罩长袍，长袍之外套马褂。

民国以后，男人仍以长袍马褂为基本服饰。富贵人家的妇女多穿旗袍，外罩一件对襟毛绒衣，脖围毛线巾或纱巾，手戴金银手镯、金戒指，有的腋下挂香荷包。一般平民，年节或拜祖、会友以棉、毛长袍马褂为“礼服”。女子穿捻襟长袍，衣长及膝，高领大袖，襟袖处镶边，秋冬时还有夹袄、棉袄或外套坎肩。20世纪二三十年代，城市青年与学生穿学生服，其样式如中山服。此时开始流行西装、大氅。城镇小康人家，有“节食强衣”之俗，讲究穿戴。农民多穿长裤短袄，以便劳作，年节喜庆之日也着棉袍。家境贫寒的则终年衣衫褴褛。东北沦陷时期，城市里伪满职员及知识界男子多穿西服。

东北解放之后，社会各阶层的服装差异缩小，多穿藏蓝色或银灰色中山装，工人着工装，农民多穿青色对襟短棉袄和带裤腰的棉裤。20世纪50年代末期至60年代，妇女的夏装逐步改为各式裙子。

城镇女子以连衣裙、长裙为主，间有穿旗袍者。冬季，改穿捻襟棉袄，外套各种颜色、各种样式的罩衫。夏季为布衫长裤，冬季为素色棉袄裤。“文化大革命”初期，城乡男女青年则以穿草绿色的军装为时髦。20世纪70年代后期，城镇少女曾流行短裙，城市青年中曾流行喇叭宽腿长裤。进入20世纪80年代，各种高档呢料，化纤的西装、裙衫、大衣及新潮式的风雪衣、夹克衫、牛仔服普及城乡。一般农村的中老年人仍常穿传统的中山装与便服棉袄，城市干部、学生和中老年人衣着庄重、朴素，青年则追求时装的奇美，以表现其青春活力。企业工人，医院大夫、护士，旅社、饭店的服务人员上班时着行业性工作服，业余时间则卷入时装的潮流。

三、鞋

清代，汉族富贵人家男子多穿家做的棉鞋，女子穿绣花布鞋。农村的劳动者冬天多穿从满族传来的“轨靰”，殷实人家冬天也穿牛皮制作的“毪毪马”或用驴、马皮（毛向外）做的“毪毪牛”。20世纪20年代后，开始流行上海、天津制的胶皮鞋，哈尔滨、海拉尔等地俄人所制的“毡疙瘩”。

机制的皮鞋也在上层社会风行。贫苦农民夏秋常赤脚。1949年后，“毪毪马”“毪毪牛”逐步绝迹，城里多穿机器制的布鞋、胶鞋，农村仍穿自做的布鞋。妇女的绣花鞋几近绝迹。各种新潮式样的皮鞋、皮靴、人造革鞋、登山鞋、旅游球鞋、凉鞋、塑料鞋、宽紧式布鞋等流行，城乡已无大的区别。

四、帽子

清代汉族富贵人家，受满族习俗影响，夏天戴草帽，春秋多戴红顶瓜皮帽（帽头儿），冬天戴翻毛皮平顶帽，多以黄鼬皮、狐皮、貉皮等制成，也有水獭皮的，老年人带大风帽。

平民男子春秋戴圆形白毡帽，俗称"关东白帽子"；夏天戴粗制麦辫帽或用高粱秆皮编的草帽；冬天戴猫皮或狗皮帽，出远门时，戴一种有两个小耳冠于帽外的"关东大帽子"，多为狐皮、狗皮制成。

民国时期帽子多沿清代习俗。20世纪20年代，城市男子多戴礼帽。

东北沦陷时期，受日本服饰影响，流行一种大耳皮帽，这种帽子延续到中华人民共和国成立初期。20世纪50年代，农村男子冬天多戴兔皮帽、狐狸皮帽、貂皮帽、猫皮帽、狗皮帽。城市中，礼帽绝迹。城市男子冬天多戴皮帽，除兔皮帽、貉皮帽外，尚有少量水獭皮帽，也有少量带耳的棉帽，春夏秋带有檐的制帽。妇女则围色彩鲜艳的长方形、方形毛织或线织的围巾。1949年后，城市一度流行苏式皮帽，这种帽子延续到60年代。"文化大革命"时期，戴黄军帽成为一种风尚。80年代以后，则流行平顶皮帽、人造毛帽、呢制前进帽、无檐帽、女式草帽、毛线帽、尼龙绸帽等款式新颖的帽子。

进入90年代，一种精制的礼帽在城市知识分子中流行。

第二节　满族服饰

清代，满族服装居"国服"地位，在中国服饰史上写下了重要篇章。

吉林省是满族的故乡，因此，吉林省的满族服饰保持着鲜明的民族风格，而且深刻地影响着当地其他民族。

一、发式头饰

清代满族男子留发辫的习俗是承袭了金代女真人的传统。金代“不如是”者甚至被处死。满族成年男子的发式是“剃发垂辫”，即在额角两端向头顶引一条直线，将直线以下前颅的头发全部剃去，只留颅顶后头发，编结成辫，垂于脑后，便于山中骑射。年轻人常以金、银、珠宝制成别致的小坠角儿，系于辫梢之上，随辫摆动，以为美观。满族人认为发辫是其真魂栖息之所，视为生命之本，格外珍视。古时，战争结束后，活着的人要把阵亡的八旗将士的发辫带回故乡，隆重埋葬。

满族女子在成年前，发型与男子相似，到成年待嫁时，方始蓄发，或绾起抓髻分列前额，或只梳一根单辫垂于背后，辫梢、辫根上常缠上一段大红头绳，前额留“刘海”。

已婚满族妇女多绾发髻，绾至头顶的叫“大盘头”，还有架子头、吉祥头、两把头等。其中最典型的是两把头，即将头发束在头顶，分成两绺，绾成一个“燕尾式”的长扁发，压在后脖领上，显得格外稳重、文雅。两把头又分“紧翅两把头”与“拉翅两把头”，皆下面有座，固定于发髻上。

所谓“翅”者，即两把头上部两端扩张下垂的两翼。青年妇女喜梳大拉翅儿两把头，老年妇女常梳紧翅儿两把头，亦即收缩的小翅儿两把头。梳此头时程序繁杂，挽髻后合以两把头座，然后洗面，涂抹脂粉，再以线缝“燕尾”，然后再在两把头上嵌插“扁方儿”（扁长横簪）、“正头儿”（特大假花），用托针、压鬓针等固定假发，装饰两把头。最后再在两把头左端配上绫缎制作的大花篮，缀之于大拉翅下，下垂长穗，色彩缤纷，美丽大方。

平时，一般满族妇女把头发绾到头顶正中盘发，中间横插一根扁方，叫“小高粱头”。也有一种将头发缠在一个圆形铁丝架上，再横插一大扁方，后颈呈“燕尾”式，叫“架子头”，俗称“大高粱头”。有时，则不插扁方，只将头发盘髻至头顶。满族妇女喜在发上插银、翠、玉等制成的头簪，有凤头、龙头等形状，珠花簪、压发簪等多种名目。满族妇女喜戴鲜花，就连老妪也不例外。到了春天，妇女儿童还喜在头上插鲜嫩的柳枝，因为翠绿的柳叶是满族古老的女神佛朵妈妈的象征，寓意人丁兴盛。

满族还重视耳饰，其先民男女都戴耳环，至清代，只有妇女戴耳环。他们自幼就一耳三钳，这是满族风尚的标志。

满族认为，耳环能守护人的游魂，戴耳环象征着吉祥平安。满族重视头饰，禁止女子缠足，故有“金头天足”“修头不修脚”之说。

民国以后，满族男子剪辫留短发，或平头，或分头。1949年后，个别妇女的“两把头”逐渐简化，已和流行发式相近，只在本民族的重要活动中仍梳传统的旗头。现在，已与流行发式无区别，唯年老妇女的顶髻仍有保留。

二、服装

满族的服装主要有旗袍、马褂、坎肩、皮大哈等。

旗袍，满语“衣介”，其传统的样式特点是：圆领、捻襟、左衽，四面开衩，束腰，窄袖（有的带箭袖）。旗袍便于骑射，行猎时可将干粮、用具装进前襟。满族有束腰带之俗，春夏扎镂空丝板带，秋冬扎不镂空丝板带，其颜色，宗室为杏黄，觉罗（爱新觉罗皇室外支五辈之内）束红色，其他多蓝色。百姓则扎布腰带，也有的不扎腰带。

箭袖，满语“哇哈”，是满族袍褂中民族特点极其鲜明的部分。其样式为：在袖口前面，接一个半圆形袖头，形似马蹄，称“马蹄袖”。马蹄袖平日挽起，出猎、作战时放下，覆盖手背，冬天御寒。

满族人见到尊者、长辈，要将马蹄袖撣下行礼，称为“放哇哈”。满族入关后，窄袖长袍不适合农耕，一度变成喇叭袖，后来又变回窄袖，四开衩变成两开衩，甚至不开衩，下摆由宽变窄。但传统的箭袖旗袍是贵族、官员的常服，是一般旗人的礼服。至晚清，一般旗人已很少穿箭袖袍。但在20世纪30年代，满族仍穿直梳式的宽襟大袖旗袍，男式旗袍下摆至踝，无纹饰；女式旗袍下摆至小腿，衣襟、领口、袖边绣花纹图案。

女式旗袍，由宽袖变窄袖，直筒变成紧身贴腰，臀部略肥，下摆回收，长短适度，可以显现女性的曲线美。至20世纪80年代，旗袍仍是各族女性喜爱的一种时髦服装，男式旗袍只在重大的民族活动时穿。

马褂的样式为：圆领、对襟，“身长齐脐，袖长及肘”，四面开衩。马褂身、袖均较短。套在长袍外面，便于骑射。清初，马褂流行于八旗军旅中，乾隆年间，民间始作为礼服，并有单、夹、纱、皮、棉等样式。马褂分短袖、长袖两类，短袖中有对襟、大襟、琵琶襟数种，长袖马褂俗称“卧龙袋”，相传是康熙赐名，一般老年人爱穿。

坎肩，俗称“背心”或“马甲”，对襟，无领，无袖。满族多套在长袍之外，一方面御寒，一方面也起装饰作用。坎肩式样很多，有琵琶襟、一字襟、巴图鲁（满语“勇士”）坎肩等名目。因坎肩穿着方便，既实用又有装饰作用，故流传至今。

“皮大哈”是满族皮衣俗称。清初，满族的皮大哈比较简单，只是将几张大块毛皮稍加裁剪，缝成袍褂护体，一般不挂面。清中叶以后，皮衣的制作精巧美观，常用大块鹿皮拼出花纹，毛朝外。还有一种缺襟皮袍，袍右前襟缺一块，用纽扣扣上，便于骑马，后来成为皇家亲王的行袍。

皮套裤一般是用白茬皮板做成（也有套面料的）的。为了省料、骑射方便，只做两条裤腿，钉上带子系在裤腰带上，轻便实用。后受汉族影响，改为右衽。

三、鞋

满族先民有“削木为履”的习俗。至清初，发展成一种高跟木底女鞋，称为“旗鞋”。旗鞋，有的涂桐油，以防水。木底高跟一般三至五寸，也有七八寸的，用白细布将整个高跟包起来，镶在鞋底中部，其不着地的部分常用刺绣或穿珠装饰。底部似马蹄的称“马蹄底鞋”，形同花盆的称“花盆鞋”。此种旗鞋，多为贵族妇女穿用。劳动妇女或老年妇女的旗鞋，多平木底，前端稍削，便于行走，称平底鞋。旗鞋最忌素而无花，以为近凶服，一般都亲手拉扣绣，多饰蝉蝶图案，鞋帮镶彩边绣花。

满族男子以穿靴为主。一般平民多穿尖头靴，样式相同，只是用料不同。官员着方头靴，靴头绣云头纹或虎头纹。还有一种薄底短筒的快靴，满语称“卡萨靴”，俗称“爬山虎”，多为士兵或差役及练武功人所穿。

山民农夫多穿乌拉，初多用猎获的兽皮制作，后又用家畜皮（牛皮、马皮、猪皮）制作。用一整皮缝制而成，针脚极密，鞋脸留下许多皱褶，四周有六个耳子，穿时常在里面放乌拉草，在雪地长时间行走，也不冻脚，故乌拉草曾被誉为“关东三大宝”之一。清中叶以后，满族开始流行布鞋。男鞋素帮布底，圆方口式；女鞋多为薄底，青布或大绒鞋面，鞋头扎有云子卷或其他花卉图案。

四、帽子

满语称“玛哈”。满族不分长幼，四季都可戴帽，春夏礼帽为无檐凉帽，锥伞形。贵族用“得勒苏草”（俗称“玉草”）编成，平民用其他草本植物编成。

秋冬戴暖帽，暖帽用呢、毡制成，圆形，有约二寸宽的帽檐，檐上镶以毛皮。贵族多用貂皮、水獭皮，一般多镶青鼠皮、狍皮，帽顶缀红缨。农民夏季戴伞形草帽，秋冬戴毡帽头。毡帽头有大小四个帽耳，上缀毛皮，可折在里面，可放下来防寒。

这种毡帽至民国成为各民族喜戴的帽子。便帽亦称“小帽”，俗称“瓜皮帽”，老人、幼童都戴，帽形上锐下宽，分瓣缝合，有的有一寸多宽的小檐，后来逐渐流行无檐。帽顶镶丝绒结成的疙瘩，多为红黑两色，贵族帽檐前额正中缀有珍珠、翠玉、猫眼石、玻璃、银片等，是其先民灵石崇拜的遗风。年轻的八旗子弟，喜在帽疙瘩上挂一尺多长的红丝带，称为“红缨”，显得英姿飒爽。瓜皮帽流传至民国时期。老年人冬天戴大风帽，俗称“风兜”，其帽扇很长，可护住脖颈，方便暖和。满族有敬狗之俗，所以忌戴狗皮帽。

满族妇女平日爱戴平顶帽，帽檐上饰云子卷花纹。老年妇女戴的“脑包”，是一条中间宽两头窄的长条带子，上镶素边，中间绣素花，围在额上挡寒风，又可使头发整齐。

五、佩饰

满族有珠饰、石饰、骨饰、金饰等多种佩饰，最常见的是荷包与香囊。荷包的绣制格外精巧，里面常装香料、香烟、小零食等物品。

荷包既是馈赠亲朋好友家幼童的重要礼品，也是相恋中的男女青年的定情信物。

六、官服

清代吉林境内满族官员按朝制穿戴官服与顶戴花翎。

官服分蟒袍、补服、常服几类，和帽、靴、鞋相配成套。

蟒袍，又称“花衣”“花袍”，三品官阶以上绣九蟒四爪图案，四品以下绣八蟒，七品以下绣五蟒，袍下摆绣云水图案，天蓝为正色。皇族子弟四开衩，其他两开衩。

补服俗称“补子”，缝在外褂前胸、后背处，上端在前第二、三纽扣之间，是品级大小的标记。有龙形圆补、四团补、二团补、正蟒方补等多种，上绣仙鹤、锦鸡、孔雀、麒麟、狮子等图案，上朝理政时穿。外褂两旁开衩，便于骑射。补子，最早源于唐代武则天时期，真正代表官位的补子制度定型于明代。补子图案：公、侯、驸马、伯主要绣麒麟、白泽；文官绣禽，以示文明；武官绣兽，以示威猛。[①]

明代的补子被清代继续沿用，图案内容大体一致，各品级略有区别。文官：一品仙鹤，二品锦鸡，三品孔雀，四品雁，五品白鹇，六品鹭鸶，七品鸂鶒，八品鹌鹑，九品练雀；武官：一品麒麟，二品狮，三品豹，四品虎，五品熊罴，六品彪，七品、八品犀牛，九品海马。补子上除了有飞禽走兽外，还绣有海水和岩石的图案，寓意“海水江崖，江山永固”。

女官服分袍、褂、氅、衬四种。蟒袍与男式相同，外褂与蟒袍齐，褂服图案与男官服相同。氅衣长可掩足，只露高跟鞋底，胯有开衩，双挽广袖，白质绣花，单、夹、皮、棉皆有。青年女子常喜大红色，中年妇女多用藕荷色。辈分高者用深色，老年与寡妇用宝蓝色。

第三节　蒙古族服饰

一、发式头饰

吉林省相当一部分蒙古族，清初就编入了蒙古八旗，因此受满族的习俗影响很深。男子也同满族一样，绾发留辫，垂于脑后，未婚女子多梳单辫，辫根扎红头绳。已婚妇女梳髻，盘至脑后，在边远地区的蒙古族已婚妇女，梳两个长辫，用黑布做两副辫套，将辫子装在套子里面，垂在胸前，辫套上绣有花纹图案或缀银质圆牌首饰，蒙古语称“哈都尔”，或绾髻于后颅，中插珊瑚、孔雀石、翡翠、玛瑙石等制成的头饰。贵族已婚妇女，多效仿满族妇女的发式，梳成一字头、大拉翅、如意头等。民国以后，男子遂不留辫，发式与汉族相近。妇女中满式发型渐少，传统的梳辫、绾髻发式仍相当流行。牧区的妇女多喜用红、蓝色布缠在头上。女孩自幼就扎耳朵眼，成年后普遍戴耳环。少数男孩戴一只耳环，意思是用耳坠拴住他，好养活。

中华人民共和国成立后，城镇蒙古族妇女的发型和当地汉族妇女的流行发型相近，但仍有所差别。牧区的姑娘们喜爱选用鲜艳华美的头巾缠在头上，既可挡风沙，又显得豪迈爽朗。妇女喜戴耳环的习俗保留至今。

二、服装

清代，蒙古族官员按朝制穿戴袍靴，平民的衣袖也改为马蹄袖。蒙古牧人一年四季皆喜穿袍，春秋穿夹袍，夏天穿单袍，冬季多穿皮袍或棉袍。农牧民皮袍多为羊皮，富贵人家多穿黑狐、白狐、貂、海狸等珍贵裘服。贫者只能穿没有布面的白板皮袄。蒙古袍较满族袍长一些，开衩。

男子通常束腰带，腰带多用九尺至一丈二尺整幅绸料或布料裁制，其颜色随长袍颜色而定，骑马时束腰带可以挡风寒，防闪腰，又是一种装饰，使骑手显得健美敏捷。女袍下摆宽，一般不束腰，称为“布斯贵”，即不束腰带的人。平民长袍多为黑、蓝、灰色，装饰简单。富者衣袍常用金银丝线缀貂、水獭、海狸皮镶边，袖口镶一个很宽的袖头边。单的或夹的蒙古袍也多镶上绦子或绣上“盘肠”“云卷”等图案。

女式蒙古袍的色彩更加艳丽，多选红色、蓝色、绿色等。冬天，常在袍外罩坎肩、马褂。已婚妇女，特别是老年妇女，喜穿宽格式长袍。男子喜在棉裤或皮裤外穿套裤，既暖和又灵便，适宜劳动。这是古代蒙古“襦裤”（襦是短衣，裤是无裆短裤）的延续。平时，男子在腰带右边挂蒙古刀，另插一双筷子，左边挂烟荷包。

不吸烟的女子也常挂烟荷包，上面绣有美丽的图案，系有长长的丝织衬穗作为佩饰，下垂衣外，走路随身摆动。尚白是蒙古族古俗，每逢岁时节庆，人们要穿白袍互相问候庆贺。老人喜穿白衫，象征着圣洁、长寿。

蒙古族摔跤服，蒙古语称“卓铎格”，是坎肩式的无袖短衣，用上等牛皮制成，多用白毡贴毛镶边或边缘镶嵌两排铜制“涛不如”（圆形扣），背部有圆形图案，下穿肥大的摔跤裤，外加一条花套裤。脚上穿“不利阿耳靴”或布制的绣花鞋，头缠红、黄蓝色“希力布格”（头巾），坎肩上常缀五彩飘带，以显示出蒙古族勇士的英武。

三、鞋帽

蒙古族不论男女，喜穿船形月牙立筒式皮靴。这种靴子，便于骑马伸蹬，防风寒，防小腿肚与马镫摩擦，也便于在沙地行走。蒙古族讲究靴子的美观，手巧的妇女在靴子上绣上金线“盘肠”等漂亮图案。

清代，蒙古族官员戴朝廷定制的官帽与顶戴花翎。蒙古男子常戴的燕尾帽，又称“风雪帽”。这种圆顶帽不易被风吹掉，帽檐虽小，但能遮光。

民国以后，城镇的蒙古族服饰逐渐与汉族趋同，牧区则保留了更多的传统民族服饰。中华人民共和国成立后，牧区的蒙古族服饰有了较大变化，一些新式时装也开始流行，尤其是20世纪80年代以后，蒙古族爱美的天性在服饰上体现得更加充分。城镇的蒙古族青年追赶着时装的浪潮，西服、连衣裙、风雪衣、夹克衫等新式服装相当流行。在牧区与农村，传统服饰仍有一定的保留，只是消除了阶级差别，制作得更加精巧、美丽。

第四节　朝鲜族服饰

一、发式头饰

清代，朝鲜族少年男女均留发编辫。成年时，男子举行冠礼，姑娘举行笄礼，都要打发髻。男子多用以黑布做成的辫绳，女子多用以红布或紫布做成的辫绳。男子的发簪常用金、银、琥珀、珊瑚等制成，女子的发簪多用白银制成。有的还在金银、玉石上雕刻各种花卉图案，十分精巧。清末，这种古典式的发式逐渐消失。民国以后，男子以通行的短发为主；女孩常留齐耳短发，结婚前有的留起长辫，婚后或绾髻或烫发。如今，已婚妇女是以烫发为主。

二、服装

朝鲜族喜穿白服，故有“白衣民族”之称。

男装有袄、坎肩、长袍、裤等。短上衣，朝鲜族语称“则羔里”，斜领，左衽，宽袖，前襟钉有飘带，穿时系在衣襟中上方。

坎肩，朝鲜语称“麻古子”，其形似袄，但无领，无袖，对襟，不系飘带，有一个大琥珀纽扣，穿时加在袄的外面，有明显的装饰作用，是中老年的春秋服。

裤，朝鲜语称“巴儿”，多为白色，也有灰色或青色，裤腰肥，裤腿宽，裤裆大，穿时裤腿由里向外绾，再系以腿带。这种裤式便于席地盘腿而坐。

长袍，朝鲜族语称“都鲁马基”，式样同袄，只是比袄长，垂至膝下，是成年男子的礼服，有单、夹、棉之分，常用麻布、棉布、绸缎等制作，颜色多青色或灰色。

道袍，多用苎麻布缝制，斜领，系带，宽袖，下摆长至脚面，前后垂有同肩宽的布条，胸上部扎道袍带。

女装有裙、袄、袍、裤等。裙有拖裙、筒裙等。拖裙也称“紧身长裙”或“缠裙”，由裙腰、裙摆、裙带组成：裙腰及胸，裙摆很宽，一边开衩；裙带缝在裙腰两侧，缠腰一圈后系在右腰一侧；裙摆长至脚面，上有许多细褶。穿这种裙子，里面必穿白色衬裙。筒裙是缝合的筒式裙子，与其他民族筒裙不一样的地方是腰部带有许多细褶，以合腰身为宜，上端还连着一个白布小背心，前胸扣纽扣，穿时从头部往下套，裙长过膝，便于劳动、步行。裙袄相配，裙长袄短，加上色彩与纹饰的搭配，舒适美观。女袄与男袄基本相同，只是袄襟较短，领子稍呈圆形，袖肘宽，袖口窄。襟与下摆略呈弧形，线条柔和，颜色多白色、粉红色。有一种三回袄，在领、袖、衩带等镶边的地方再饰一层紫色或栗色绸布。女裤与男裤式样相近，但比男裤瘦短一些，裤脚窄，不系腿带。

注释

①据《明会典》记载，明洪武二十四年（1391）规定。

过大年

第六章　岁时节日民俗

东北各地所过节日，大体与全国一致，可分汉族传统节日、少数民族节日与新兴节日三种。

汉族传统节日和少数民族节日都按阴历（或民族历法）计算，至今习俗未改，举国一致。而新兴节日（如五一国际劳动节、国庆节）多富有政治意义，都按公历计算。此章收有吉林省特色的人参节、电影节、老人节等，亦根据情况采用公历，纳入新兴节日之内。本章重点记述汉族传统节日及少数民族节日，兼及新兴节日，以便全面了解吉林各族人民丰富多彩的生活。

第一节　汉族传统节日

一、春节

春节，古时亦称“元旦”，是我国三大节日之一，也是我国最重要的传统节日。辛亥革命后以元月元日为元旦，农历正月初一为春节。此俗源于古代年终的“腊祭”①。

“年”字在甲骨文中是庄稼丰收的形象，是庆祝一年丰收的节日。春节意味着春天已经到来，人们希求在一年里有一个良好的开端，因此对此节日非常重视。

在这“一夜连双岁，五更分两年”的新旧交替时刻，民间有许多讲究和禁忌。从农历十二月二十三起，一直到正月初五，一切言谈都图个吉利，多说吉利话，“多唠拜年嗑”。家家在三十晚上前把垃圾倒尽，一直到过了正月初五才开始往外倒垃圾，意思是别把财倒出门去。在三十吃年饭时还要吃鱼，留下鱼头鱼尾，取“年年有鱼（余）”之意。

贴春联是春节的民俗之一。有“向阳门第春常在，积善人家庆有余”“忠厚传家久，诗书

杀年猪

继世长”“春回大地”“连年有余”“抬头见喜”等，写好贴在门两侧或室内，门扇上也有贴倒“福”字的，寓意“福”已到了。

有的人家在门上还贴上财神，或在室内供财神，并贴上各种年画，甚至在“马棚”“鸡架”“猪圈”上也贴上“骡马成群”“金鸡满架”“肥猪满圈”的春条。

这些都表明人们期望在新的一年里，一切都顺顺当当，万事如意，发福生财，人畜两旺。民间有年三十晚上诸神下界的传说，此说是姜太公封神时流传下来的。姜太公封了诸神，但没封自己，只好在旗杆斗里等着接受人间烟火，因此留下过年竖旗杆的风俗。民间在年三十晚上接近子时要“接神”，接神前摆好供桌，点上香烛，由一家之主领着男孩子，穿戴整齐，打开大门，以皇历指定的方向，焚香跪拜，一路燃放鞭炮去迎接“财神”，也同时迎接福神和本家祖神等。把诸神迎到家后，再关上大门，一家老小欢聚一堂，互相拜年。先由晚辈给长辈磕头辞岁，再由长辈给晚辈压岁钱。

子时要吃过年饺子，以应“交子”之俗。为讨吉利，在饺子馅里放入铜钱、大枣、红糖之类的东西，寓意有财气、喜气、早生贵子、日子甜甜蜜蜜等。

近年有专用韭菜包饺子的，意思是酒（韭）、财（菜）全到。大年初一除吃饺子之外，有的人家还吃元宵，意为“元宝进门、全家团团圆圆”。春节期间，族人、亲戚、朋友相互拜年，说些吉利发财的话，如“恭喜发财”“新年快乐”“万事如意”等。家人、朋友之间也在一起玩玩扑克，尽情玩乐，消闲度假，为新的一年的生活、生产积蓄力量，做出打算，做好安排，即俗语所说“一年之计在于春”。

东北以初五日为破日，人们认为此日诸事不吉，妇女不得出门。这天，家家均包荤馅饺子，俗称“捏破五”，以补破五之破。此日亦是撤供日，上年腊月三十摆供，于是日撤除。是日生子被认为不吉利，有“生子伤父”的说法。农民不得动土，商肆不得开市，民间以为不遵此例，必要遭殃，早、中、晚三餐均要鸣鞭辟邪，是晚儿童要打灯笼结伙至房前屋后、路口、井边驱邪，夜间家家给祖先上坟，烧纸避凶，并有“此日动刀剪必有水灾”之说。

正月初五还是接五路财神日。五路财神指赵公元帅、萧升、曹豹、邓九公、少司。又说东路招财，西路进宝，南路利市，北路财神，中路玄坛。旧时，商家于是日请财神，拜财神。从正月初四下午起，各商店就张灯结彩，接一路财神，唤伙计拜财神，拜者留用，不拜者则辞退。

初六日为“买卖开张日”。正月初六，工商开市，也有在此日定伙计去留的，名“拨劳

正月十五洒灯

金”。此日也为串亲友日，吉林旧俗新春要互相道贺。又为“归宁日”，新婚女子于是日回门。

初七日为人日，亦称“人胜节”“人节”“人生日”“七元日”，为汉族传统节日，源于古代的占卜。古人相信天人感应，以此日天气阴晴占终岁灾祥。

汉魏以后，人日渐从活动单一的节日，发展成包括庆祝、祭祀等活动，内容丰富的节日。每逢人日，人们便以七种菜做羹，用彩布剪成人形，镂刻金箔为人状，贴于屏风、床帐上或戴于头上。是日，民间不吃鸡肉，官府不处决犯人。诗人于此日感时抒怀，多有佳作。隋代薛道衡《人日思归》云：“入春才七日，离家已二年，人归落雁后，思发在花前。”现民间尚有取七种菜或七种果实做七宝羹，祭祖祈福及吃线面庆寿等风俗。

二、元宵节

元宵节是指农历正月十五，是一年中第一个月圆之夜；又因在元宵节的夜晚到处张灯结彩，所以也叫“灯节”，亦称“上元节”。这个节日起源很早，一传始于西汉，一传始于东汉，相沿成俗，成为民间重大节日，金代初年盛行东北。

东北和全国各地一样，除延续旧日习俗欢度元宵节外，还依照本地的民间娱乐习俗，在这一天组织秧歌、高跷等多种多样的游艺活动。每到正月十五，家家都挂上自己扎制的富有民间特色的彩灯，如莲花灯、桃灯、宫灯、鲤鱼跳龙门灯、扇子灯、走马灯……真是“灯树千光照，烟花万朵开”。

尤其引人注目的是冰雕、冰灯这些北方特有的工艺品，使游人百看不厌，流连忘返。除此之外，男男女女、老老少少组织起来，搽脂抹粉，穿红戴绿，扭秧歌，踩高跷，跑旱船，耍龙灯，舞狮子……锣鼓喧天，鞭炮齐鸣，喇叭齐吹，载歌载舞，全民同乐。是夕亦制作各种灯谜，互相猜谜斗智，以应节令。

在饮食方面，这天吃元宵、饺子、年糕，以示全家人团团圆圆，生活美满幸福。吉林还有在元宵节之夜“滚冰”“走百病”的习俗。“十五日为元宵节。以粉糍祀祖先，街市张灯三日……是日男出游，填塞街巷，或步平沙，谓之‘走百病’或‘联袂打滚’。”[②]这反映出人们祈求健康的美好愿望。

以前过元宵节时，吉林省有些地方（如东丰县一带）的满族要祭笊篱姑姑。这个风俗在

跑旱船

正月十四到十六晚上进行。月亮刚出来，大家便争着去偷寡妇家的笊篱，把偷来的笊篱拴在自家的锅叉上，然后请花匠糊上个穿着花裤的"小媳妇"纸人，挂在五尺左右的木杆上，供在房西头。再找个12岁以下诚实的小女孩，让她背着纸人在地上绕圈圈，人们则围着她跳舞、唱歌，歌词中有：

笊篱姑姑下山来，十五十六看灯来，
梳的什么头？
梳的四散头，头上抹着桂花油。

每绕上三圈，主持人便念一通：

正月十三月儿大，笊篱姑姑把山下，
不求金银和财宝，问你五谷都叫啥？

念完了，又冲着小女孩问道："来了吗？"小女孩回答说："来了。"再绕三圈，人们恭恭敬敬地拿下纸人，放在香案上，大家便一齐问开了："笊篱姑姑，今年是收大豆、高粱，还是收苞米谷子？"歌舞直到深夜方散。

笊篱姑姑何许人也，怎么个来历，其说不一。通常的说法，她来自紫姑神的演化。"茅姑疑即紫姑，俗又谓笊篱姑姑也。"[③]将以笊篱为头面的女神由茅厕请回致祭，可见这一风俗来自汉族古代之祭厕神，传说紫姑为寿阳人李景之妾（名何媚），因受大妇虐待，于元宵之夕死于厕，乡人迎之以为神，其说起于六朝。

此外，吉林的满族和锡伯族在正月十六也有"打画墨脸"相戏的习俗，此源于古时的"放偷"习俗，今早已废弃。

三、二月二

二月二亦称"踏春节""春龙节""青龙节"。"二月二，龙抬头。"此俗唐代已有记载："二月二日新雨晴，草芽菜甲一时生。轻衫细马春年少，十字津头一字行。"[④]到了二月二，天气渐暖，冰河解冻，万物复苏，困龙抬头，闲了一冬的人们也活动起来，祭龙头，添仓，踏青，希望五谷丰登，人丁兴旺，日子越过越红火。吉林地区，这天清早，人们便用簸箕盛上灶灰端

二月二燎猪头

到井台，沿路撒上灶灰，直到自家院中，再把余下的灶灰，在院中撒上几个灰圈，以示粮仓；有的还烧香祭龙头，引新龙入门，以为如此可以风调雨顺，得到好年景。所有这些都充分显示出人们祈福的心理和盼望丰收的愿望。

在农村还多把秫秸劈皮断瓤，扎成一节节的龙，再用红布饰龙身，用黑豆点龙眼，悬挂起来，一是祭祀，二是希望祛难去灾。

在这一天，民间有炟猪头、烙春饼、蒸白面馒头的风俗。为了应“二月二，龙抬头”之俗，在这一天大人小孩多有剃头的习惯，一般小孩在正月不剃头，有“正月剃头妨舅舅”之说，所以要等到二月二剃头，意味着龙抬头，人也抬头。

四、清明节

清明节在农历三月初，是二十四节气之一。

清明节与寒食节相连。寒食节源于纪念战国时期的介子推。介子推辅卫晋公子重耳流亡列国，曾割股肉给重耳充饥，重耳归国登基为晋文公后，封赏诸臣，唯独没封介子推。

介子推急流勇退，与母隐居绵山。后重耳悔悟，求介子推出山，介子推不出。晋文公焚山，介子推抱木而死。后晋文公葬介子推于绵山，修寺立庙，改山名为介山，并下令在介子推忌日禁火寒食，以寄哀思。自唐以后，寒食节与祭奠祖先亡灵以及郊游扫墓活动相结合，逐渐与清明节融为一个节日。白居易《寒食野望吟》云：“乌啼鹊噪昏乔木，清明寒食谁家哭。风吹旷野纸钱飞，古墓垒垒春草绿。”杜牧《清明》：“清明时节雨纷纷，路上行人欲断魂。”这些诗句都反映出这一节日的情景。

吉林清明节还有用柳树枝编成圈戴在头上或插柳于鬓角的习俗，有驱毒明目的意思。民间有“清明不戴柳，红颜变皓首”的俗谚。

在清明节前后，人们有祭祖扫墓之习俗。各学校、机关、厂矿，在清明节还组织大家祭扫革命烈士墓，进行革命传统教育，并在清明节时植树。至今这一节日习俗，仍有一定的积极意义。

五月节

五、端午节

农历五月初五为端午节，亦称“端五”“重午”“端阳”，是我国“三大节日”之一。“仲夏端午。端，初也。”[5]古代“五”与“午”通用，所以初五亦称“端午”。又由于五月和午日相重，故曰“重午”。午时当作阳时，“端午”便写成了“端阳”。对其起源，说法不一，主要是纪念屈原。

战国时期爱国诗人屈原在这一天投汨罗江自杀殉国，楚人十分悲痛，每逢此日，用竹筒装米投到江里祭奠他，并试图用舟楫拯救他。后来前者演变成吃粽子，后者演变成龙舟竞渡的风俗，相沿至今。粽子多用糯米、黄米做成。吉林还在粽子锅里煮鸡蛋，吃起来味道独特。

端午节的清晨，人们习惯踏着露水去采艾蒿，并以艾蒿上的露水洗眼睛，谓能使眼睛明亮。还把采来的艾蒿戴在头上，或挂在门上，以辟邪禳灾。这天还要饮雄黄酒，吃独头蒜。由于小孩不能饮酒，则把酒抹在小孩的手、脚、鼻、耳上，以为可避疫驱虫。除此之外，妇女还用五彩线缠成小粽子，用彩色绸缎做成各式各样的大小不一的荷包、香袋等，挂在胸前，谓可消灾祛病。

东北有些地方还给小孩戴“长命缕”（五色线），妇女用红、黄、蓝、白、黑五色线合在一起，系在小孩手腕上（男左女右），谓可避邪长寿。相传古时有个老爷爷被不孝儿子逼出家门，夜宿野外，有个老奶奶跟他说：“我已好几天没吃饭了，你给点吃的吧。”这个老爷爷便把袋里的几个饼给了老奶奶，老奶奶很感动，给了他一缕五彩线，让他戴在手腕上，说要有瘟疫了，戴这个可避灾难。老爷爷回村里告诉了大家，于是大家都戴上了五彩线，得到了平安，以后相沿成习。金代女真人于端午节有拜天、射柳、击球等武事竞技活动，朝鲜族妇女在端午节踏跳板、荡秋千。在饮食方面，朝鲜族于端午节做打糕、黏米饭或做艾糕、蒸饼等。

蒙古族把农历五月初五称为“猎节”。过去，蒙古族在这天有打大围的习俗。端午节这天，清早洗完脸，便给火佛献照灯。然后在河里洗身子，回来后直到吃早饭都不说话，而后便出外游猎。当捕到猎物后，便聚在一起，边吃烤肉，边谈武艺，直到入夜，才携带猎物返回。这天还有祭神树及射箭、摔跤、赛马的习俗。

六、乞巧节

农历七月初七是乞巧节，即“七夕”，俗称“女儿节”。乞巧节由来已久，南北朝时有“陈

荡秋千

瓜果于庭中以乞巧”的记载。任昉《述异记》（逸文）：“天河之东有美丽女人，乃天帝之子，机杼女工，年年劳役，织成云雾绡缣之衣，辛苦无欢悦，容貌不暇整理。天帝怜其独处，嫁与河西牵牛夫为妻，自后竟废织纤之功，贪欢不归。帝怒责归河东，但使一年一度相会。”

吉林省民间口头传说中的织女是王母娘娘的女儿，由于来人间洗浴时，衣服被牛郎得去，无法回天宫，遂与牛郎结婚，夫妻恩爱，生得一男一女。王母娘娘知女儿下凡，非常愤怒，派天兵天将将她捉回天宫。牛郎得黄牛（金牛星所变）帮助，披牛皮，挑上两个孩子，追上天来。眼看要追上，王母娘娘拔下金簪，在织女牛郎中间划出一道天河，把二人隔在两岸，牛郎在河西，织女在河东，他们变成了两颗星星，隔河相望，不得相聚。后来他们感动了王母娘娘，王母娘娘叫他们每年七月七日相会一次，从此留下“七夕”的节日。喜鹊同情他们，故又有“鹊桥”的传说，《风俗记》云：“七夕鹊首无故皆髡，因为梁以渡织女故也。”因为织女手巧，能织云锦天衣，故女子都很崇敬她，向她乞巧。

吉林省乞巧习俗有多种，有将豆芽菜泡在水中看芽影的，豆芽形似针、剪、花、鱼则巧，粗劣杂乱则拙。也有把小蜘蛛放入盒中，第二天看结网情况以定巧拙的。《永吉县志》载：“七夕，妇女陈瓜果，以立采缕穿针乞巧。”《安图县志》载：“妇女辈多于是夕手执针线于无灯处穿针乞巧。”扶余女子尝投花针于水碗，“视影何似，以定巧拙”。因织女的不幸，吉林省有“七夕不嫁女”的忌讳。长白山还有“牛郎渡”“织女峰”“洗儿石”等景观。可见牛郎织女故事和乞巧节习俗在吉林民间影响很深。

七、中秋节

农历八月十五为中秋节，又称“八月节”“仲秋节”，是中国传统“三大节日”之一。这个节日与庆祝丰收有关。这时各种瓜果都已成熟，丹桂飘香，稻穗金黄，朗月高悬，昭示着月圆、人寿、年丰的美好景象。是夕，安排家宴，子女团圆，以酬佳节。中秋祭月，唐宋以后盛行。《东京梦华录》记载：“中秋夜，贵家结饰台榭，民间争占酒楼玩月。”至今吉林民间仍以月饼相赠，取团圆之义。

吉林习俗，中秋之际家人团聚，设酒宴庆祝。至夜，在院中放上供桌，摆上月饼、苹果、葡萄、梨、西瓜等，供奉月神、兔爷。如今供月者少，人们然仍习惯于一家人围坐在一起，讲述各种有关中秋的神话故事，如嫦娥奔月、唐明皇游月宫、白兔捣药、吴刚伐桂等。大人唱歌赋

剪窗花

诗，小孩嬉戏玩耍，其乐无穷，直至深夜。如今亦以游园、跳舞、看晚会、看电影等方式欢度节日。

朝鲜族称八月十五为“秋夕节”，其民俗与汉族大致相同，只是在供桌上加一个水盆，秋夕之夜不仅看天上的月亮，还要看水中映出的月亮。节日，用新米做打糕，杀牛宰鸡十分隆重。夜里大家聚在一起载歌载舞，尽兴而散。

八、重阳节

重阳节又称“重九节”“茱萸节”，时在农历九月初九。我国古代以“六”为阴数，以“九”为阳数，九月初九，两个九相重，故名“重阳”，也叫“重九”。还有把重阳节叫作“女儿节”的。因为“九”与“久”谐音，取其吉祥含义，寓意夫妻长久，白头到老。过去这一天嫁女、娶妇者多。于是九月九成了不用阴阳先生推算的良辰吉日。重阳来源于南朝梁吴均《续齐谐记》：汝南桓景随费长房游学，一次长房对桓景说：“九月九日你家有灾厄，你当速回家，令家人各做绛囊，盛茱萸，以系臂；登高，饮菊花酒，此祸可消。”景如言，举家登山。夕还家，见鸡、狗、牛、羊一时暴死。费长房听到这件事之后，感叹地说：“这是它们代替了你呀！”后来，每逢农历九月初九，人们为讨吉利、避灾消祸、长寿不老，登高的风俗就兴起来了。赏菊，是重阳节的重要习俗。菊花又叫“黄花”，属菊科，既可泡饮，又是药物。秋高气爽，菊花盛开，窗前篱下，片片金黄，别有一番情趣。茱萸香气浓烈，能驱虫除湿，逐风邪，治寒热，消积食，利五脏。唐代王维《九月九日忆山东兄弟》诗有“遍插茱萸少一人”的名句。

今长春市多在重阳节开菊花展览会。朝鲜族和蒙古族也都在这一天互相庆贺，蒙古族则沿古风有重九出猎的习俗。

九、腊八

腊八亦称“腊八节”，指的是农历腊月初八。东北民间有“腊七腊八冻掉下巴”之说。在北方，从这天起天气突然变冷，这也提醒人们注意保暖。

自清朝以来，在这天家家户户都吃腊八粥。腊八粥由黄米、糯米、小豆、枣、小米、高粱等

看电影

八种杂粮熬制而成。为什么吃腊八粥呢？这里有个教育人勤俭持家的传说：过去有小两口，好吃懒做，每到腊八时，家里的粮食都吃光了，没法儿，只好扫扫所有的粮囤底，把各种杂粮合到一起做了顿粥吃。这小两口最终被饿死了。以后民间每到此日便吃腊八粥，引以为戒。

十、小年

小年指农历腊月二十三，是与大年相对而言的。吉林同全国其他地方一样，在这一天送灶王爷上天，吃灶糖，用秫秸（高粱秆）做成公鸡、犬、马给灶王备用，夜间烧掉。临烧之前，给灶王嘴抹上灶糖，意在粘住灶王的嘴，使他上天后无法说出下界的坏话。关于灶王爷的姓名，传说有多种，最普遍的说法："姓张名单（或作禅），字子郭。夫人字卿忌，有六女皆名察（一作祭）治。常以晦日上天，白人罪状。大者夺纪，纪三百日，小者夺算。故为天帝督使，下为地精，己丑日，日出卯时上天，中下行暑，此日祭得福。"也有的说灶神"名隗，妆如美女"⑥，或谓"灶神名苏吉利，妇名王博颊"⑦，或曰"壤子"。

长春民谣曰："灶王爷，本姓张。骑着马，挎着枪，上西天，见玉皇。好话多说，不好话少讲。"看来东北地区，皆取灶王爷姓张名单说。灶王爷和玉皇大帝（张姓）联了宗，上天"白人罪"就更有权威了。

昔时吉林市河南街所销售的灶王木版像，灶王爷与灶王奶奶以及鸡、犬等木刻彩绘像，栩栩如生，犹如年画，被各家争购。吉林灶王爷，为大幅彩色木版画，上为招财童子与二十四节气，下边坐有灶王和灶王奶奶，还有一鸡一狗与聚宝盆等。

祭毕，将神像揭下，与"元宝"等一并焚之，至除夕接神时再供奉。除夕迎归时，在新灶王像两旁贴上"上天言好事，下界保平安"，横批为"一家之主"或"东厨司命"的红纸对联（服孝人家用蓝纸）。

过了二十三，便进入到大年的准备阶段，开始扫除、杀猪、洗衣被、蒸黏豆包、买花炮和办置其他年货等。民间谣谚"二十五扫尘土，二十六炖大肉，二十七卤煮鸡，二十八把面发，二十九装金斗，三十过大年，辞岁守一宿"，反映了"忙年"的热闹景象。

关东腊月

第二节　少数民族节日

一、满族的颁金节

颁金节的“颁金”是满语“新生”之音译，这一节日是为了纪念“满族”的定名和新生。明朝崇祯八年、后金天聪九年（1635）的十月十三日，清太宗皇太极正式颁旨：“我国原有满洲、哈达、乌喇、叶赫、辉发等名，向者无知之人，往往称为诸申。夫诸申之号，乃席北超墨尔根之裔，实与我国无涉。我国建号满洲，统绪绵远，相传奕世。自今以后，一切人等止称我国满洲原名，不得仍前妄称。”⑧

自此以后，不用后金、女真之名，“满洲”一词作为满族族称问世，后来有了颁旨之日的“颁金节”。每年的农历十月十三，吉林各地的满族人家都要欢天喜地地过颁金节。1989年9月，来自北京、河北、辽宁、黑龙江、吉林等省、市的满族代表人士，在吉林市举行的“满族同胞金秋联欢会”上共同议定，以每年农历十月十三这一天为满族的节日——颁金节，很快就受到了全国及海外满族同胞的认同。从1991年开始，沈阳、大连、本溪、丹东、锦州、盘锦、抚顺、北京、承德、哈尔滨、吉林等市的满族联谊会相继过此节。1992年的这一天，正在辽宁旅游观光的台湾满族同胞，应邀出席了沈阳市千余满族同胞欢度颁金节的大会，他们回到台湾后得到族人一致认同，并决定在1993年颁金节举办“世界满族书画大展”进行纪念。1994年11月15日（农历十月十三），由吉林省满族文化研究会筹备领导小组发起，在吉林省艺术研究所四楼会议室举行了“长春满族颁金节联欢会”，邀请了满族专家学者、文艺界知名人士以及政界、新闻界、商界人士数十人参加。与会者在欢度节日、增进感情的同时，还对满族历史和文化的内涵进行了探讨，并就国内和海外的满学研究情况进行了交流。

二、蒙古族那达慕大会

吉林西部聚居着蒙古族兄弟，历史上这里是郭尔罗斯王爷的领地，现在设有前郭尔罗斯蒙古族自治县。这里定期举办蒙古族那达慕大会。“那达慕”蒙古语是“娱乐”或“游戏”的意思。长期以来，蒙古族的牧民在夏秋季节，择日举行骑马、射箭、摔跤比赛和商业活动，这个盛会称“那达慕大会”。

滑爬溜

1949年前的那达慕大会，是封建王公和牧主奸商寻欢作乐、勒索牧民的节日，对于广大蒙古族人民来说，常常伴随着灾难。中华人民共和国成立后，人民当家作主，那达慕大会才真正成为蒙古族人民欢乐的节日。节日清晨，蒙古族、汉族、回族等各族人民，穿着色彩缤纷的新装，骑着骏马或乘着汽车，拥向会场。

那达慕大会充满着欢腾的气氛。摔跤、射箭、赛马、套马、蒙古族象棋等民族传统项目以及田径、拔河、篮球等体育竞赛表演，吸引着数以万计的观众。蒙古族人民特别喜爱摔跤。相传成吉思汗小时候和一位牧童摔跤，一连赢了三次，牧童衷心佩服，就帮助他报了父仇。后来成吉思汗建立了大蒙古国，便把摔跤定为考核将士的重要科目；民间也把摔跤定为男儿“三艺”（骑马、射箭、摔跤）之一。以后历代相沿，摔跤成为那达慕大会必不可少的项目。

第三节　新兴节日及纪念日

新兴节日均以公元纪年，并多是国际性的，少数是国内、省内所独有的。这些新兴节日与传统节日的区别，主要是民俗成分不多，政治意味较浓，但多数已渐融入吉林新俗。

一、老人节

公历8月15日是延边各族人民的老人节。最初，只有延边朝鲜族自治州过此节日，后来发展为吉林省各族的老人节。

延边老人节由老年人自己主持，或是大型集会，表彰模范公婆和孝顺儿媳、女婿以及“五好家庭”；或是小型集会，为老人集体过花甲，为军烈属五保户老人祝寿。老人节这天，各乡屯的朝鲜族都要参加活动。老人身着节日新装，有的乡屯还给老人胸前戴上大红花。每个家庭给老人备下丰盛的饭菜、糕点、水果。会场按老人年龄大小为序入座。庆祝会开始，主持人致祝寿辞后，共同举杯饮酒。之后每个家庭子女向自家老人行礼敬酒。场上播放为老人节谱写的《妈妈祝你长寿》等歌曲，老人们都情不自禁地随着乐曲起舞。还有的在运动场上组织全家接力赛，老人跑第一棒，儿子跑第二棒，孙子跑到终点。还有老大娘顶水赛跑等活动。如今传统敬老习惯已在吉林省扎根，并起到移风易俗的作用。20世纪90年代以后，长春市决定，每年9月1日为各族老人节，但并未普遍开展活动。

二、电影节

长春电影制片厂（以下或简称“长影”）前身是伪满洲国时期日伪所建的伪满洲映画株式会社。中华人民共和国成立后，收归人民政府所有，成为新中国电影艺术的摇篮，是我国重要的综合性的电影基地。

建厂以来，长影拍摄了大量的故事片、科技片、电视片，译制了近千部影片，并且同一些国家合拍了很多深受观众喜爱的电影。

为了发挥长春市电影文化的优势，长春市政府自1992年起开始举办首届长春电影节，面向国内外开展电影文化的综合性活动。长春电影节每两年举办一次，每次均于8月23日至28日举行，其主题为：友谊、交流、发展。

为配合电影节活动的整体构建，长春市除在长春电影制片厂院外建一电影宫之外，又于附近建一规模宏大的长春电影城，既为国内外旅游者提供文化、娱乐、观光的场所，又成为全国电影、电视拍摄的基地。

注释

①施立学：《关东岁时风俗论》，吉林文史出版社，1998，第348页。

②据《吉林通志》，清光绪十七年刻本。

③《满族风俗志》引《凤城县志》。

④据〔唐〕白居易《二月二日》。

⑤“端午”始载于〔唐〕周处《周土记》（《太平御览》卷三十一）。

⑥据〔唐〕段成式《酉阳杂俎·前集》卷十四。

⑦据〔东汉〕许慎《五经异义》，原书已佚，〔东汉〕郑玄《驳五经异义》引述有《五经异义》原文。

⑧据《清太宗实录》卷二十五。

第七章 人生礼仪

人生礼仪是指人的一生中几个重要环节上所经过的具有一定仪式的行为过程，主要包括诞生礼、成年礼、婚礼和丧礼。

第一节 诞生礼

一、产俗

妇女生孩子曰“坐褥”，俗云“坐月子”。五六十年前，吉林省的农村，还相当普遍地保留着旧产俗。

往昔，吉林省妇女生产时，没有消毒设备，把炕席掀开，就土炕铺上谷草，并敷以灶灰，便于吸血，也多少起到灭菌的作用。小孩生下来落于谷草上，谓之“落草”。有些农村产婆（接生婆），用破开的秫秸，割断婴儿脐带，很不卫生。生产期间，婴儿父亲严禁进入产房。当产婆出来报告母子（女）平安时，父亲要赶紧送上准备好的“接生钱”。在重男轻女的时代，和全国一样，生子曰“弄璋之喜”，生女为“弄瓦之喜”。

满族和蒙古族若生男孩，则在门左边悬挂小型弓箭（榆柳条制的），以喻男孩之勇；生女则挂红布条，以示女儿之巧。亲邻都前来祝贺。生子后，第一个客人进入月房见到婴儿曰“踩生”。主人家都愿意来者是德高望重的人，或是高寿者，或是学业有成、性格豪爽的人。主人家认为婴儿将来的一切都像这个人，是一种吉兆。生子三天，要给婴儿沐浴，叫“洗三”或“喜三”。洗三时可用艾叶、花椒等草药煮水，以避瘟疫。一般多用清水。过去女孩还要在洗三时扎耳朵眼，此俗已废止。

洗三这天，全家要请客（主要是请接生婆）吃喜面，正所谓“三天吃个刀切面”。

一般大户人家，特别是满洲贵族，生子三天时请接生婆在大铜盆里倒上槐枝、艾叶熬成的苦水，趁冒着热气给孩子洗澡。参加洗礼的老太太、媳妇们，都往盆里扔钱币，称为“添盆”。有时还往盆里投几粒花生、几个红皮鸡蛋，寓意“连生贵子”。接生婆边洗边说：“先洗头，做王侯；后洗腰，一辈比一辈高……”如此时婴儿哭泣，则认为是大吉兆，称为“响盆”。也有的用大葱轻轻打婴儿三下，一边打一边说：“一打聪明，二打伶俐，三打乖。”然后把这棵葱扔到房顶上。若赶上天冷，就免去这许多“说道”，将婴儿用温水洗过包好即可。

母亲的奶没下来，婴儿可以吃其他妇女的奶。男孩吃生过女儿的母亲的奶、女孩吃生过男孩的母亲的奶为最佳，名曰“开奶”。

生子第五天，姥姥家用五尺红布做一条“里面红”的小被，用五条线绗（háng）五道，午时送来，“捂”小孩身上，意为好养活。

产妇生产后，身体虚弱，既要吃有营养的食物，又不许太油腻，故省内各地多给产妇喝小米粥、吃煮鸡蛋。到十二天可以喝含脂肪类的面汤、鸡汤。民间多于此时给产妇送来母鸡、肘子、鸡蛋、挂面、红糖、大枣等营养品，谓之“下奶”。朝鲜族妇女“坐月子”吃海带，认为海带可下污血，补充奶汁。

过去长春一带，母亲给女儿下奶，不许用筐装食品，而是要用点种用的“落（lào）斗”装，希望孩子好养活。

婴儿不幸死了，要扔在山顶上或扔在地势较高的丘陵荒野，意为再生儿不会死。不能扔在洼地里，因为扔在洼地，有“填不满的坑”之嫌，怕再生儿不好养活。

整个“月子”期间，居室外面挂有红布条，一则表示喜庆，一则表示禁忌，暗示外人不得进“月房”。还有孕妇和带钥匙的人，都不许进月房，怕带走奶水。“坐月子”期间，只许往月房送东西，不许往外拿东西。月房火炕的炕席上还要上锁，以防奶水被进月房的孕妇带走。

二、育俗

过去，东北满族有给婴儿睡扁头、拉平肩、正体形的习俗。此俗有一定合理性。自清朝以来，已普遍为汉族所吸收。婴儿出生后不久，就让其枕着装好细粒谷物（如小米）的枕头。同时整个身子睡在糠皮口袋上，避免炕热烫着孩子，又便于沥尿。为了长大拉弓有力，将其两臂端平，裹以尿布，用三寸宽的宽带缚在两臂肘处，再用一寸宽的细带缚膝及小腿，以矫正体形。此俗甚古，《后汉书·三韩传》载："儿生欲令其头扁，皆押之以石。" 有人批驳此说不合情理："夫儿初坠地，岂堪以石押头？其说甚悖于理。国朝旧俗，儿生数月，置卧具，令儿仰寝其中，久而脑骨自平，头形似匾，斯乃习而自然，无足为异。"[①]当时的人们认为，使婴儿仰卧，可使其后脑勺扁平美观，背部平板。这一习俗很快被汉族吸收，成为东北普遍的育儿习俗。但此法运用不当，会影响孩子头骨及脑髓的发育，所以要科学地运用。除仰卧外，也要适当让孩子侧身睡觉。同时不睡高枕（一寸高即可），以防颈部脊柱前倾，还要适应光线，经常调换位置，以防斜视。

在旧社会多是用老法接生，成活率低。"七天风，八天扔"，婴儿死亡率很高。母婴平安度过一个月很不容易，所以在"满月"时要隆重庆祝，俗谓"办满月"。一般生男孩办满月，生女孩小办或不办。汉族生男孩三天后还有给祖坟烧纸，感谢祖宗，祭祀山神、土地之举。

生男孩"办满月"时，姥姥家要送一挂摇车（亦称"悠车"），车头上写上"长命百岁"字样，由舅舅挂于梁上。摇车用筛板圈或用胶合板做围圈，下垫长于小儿的薄板，内外均有彩绘，以长皮条兜底悬于梁上，离地三四尺。用布带缚定小儿，使其不得动，哭则摇晃之，或悬响铃、彩纸吸引之。此为满族、蒙古族习俗，已普遍为东北汉族所接受，吉林亦不例外。孩子长大，别家孩子借车用时，悬车的带子不能借，怕"带子"去，孩子不好养活。蒙古族还常在摇车上挂绵羊腿骨或山羊蹄子，以示吉利。这是由古时游猎民族把摇篮挂在树杈上，悬兽骨以避灾，防备雀鹰叼啄小儿的习俗发展而来的。

哈尔滨、长春、吉林、德惠一带，婴儿满月，只有大户人家设宴招待宾客，一般小户人家只招待两家姻亲。姥姥家要送一百个豆包，正好装一斗，这叫"满月吃个斗饽饽"。有的还给一套衣服、一个长命锁。婴儿的姑妈也要给烙一百个烧饼送来，下车扔给狗一个，这叫"姑给争个斗，活到九十九"。

一般亲友的贺仪都是送给小孩长命百岁锁、麒麟送子锁、小手镯、小脚镯、小孩衣被等礼物，含有"锁住""拴住""包住"之意，祝愿孩子健康成长。满月起名也常起贱名，如"狗剩""石头""锁住"之类，以求好养。在蒙古族中，如之前生的孩子没留住，再次临产时就请本屯中多子女的妇女，守在产房，待孩子生下来请她从孩子身上迈过去（象征孩子是她生的)，让孩子叫她额莫(妈)，叫生母为婶，这样的孩子多起叫“留住”“锁住”一类的名字。蒙古族生男孩扎一个耳朵眼，认为好养；女孩左右各扎三个耳眼，长大戴耳环。

婴儿生后百天叫“百岁”。婴儿长到一百天，熬过了满月、百岁两大关，无病无灾，此时就要“看长”了。俗云：“三日看相，百岁看长。”这天要给小儿口里抹点油，使之尝尝味，意思是“过了一百天，有吃又有穿”。俗信此时要躲出去住几天(称“躲百岁”，也叫“离臊窝”)或宴宾客。长春地区亦有“躲百岁”之说，主要为了让孩子好养活。躲百岁时，不许到姥姥家，到姑家、姨家都可以。接婴儿过百岁的亲戚家要用一挂线，编成一串铜钱锁，给婴儿套在脖子上，叫“长命锁”。姥姥家要蒸一百个豆包送去，以示“蒸蒸日上，长命百岁”。这天要剃胎发，有的小男孩后脑勺留一绺胎发，俗称“鬼见愁”。这绺胎发要一直留到七岁才能剃去，这样的男孩一般都有“毛子”或“毛头”这样一个乳名。

孩子长到一周岁时，父母在孩子面前摆放书、笔、布包、钱、胭脂、玩具之类的小物件，看孩子抓什么，以此预测孩子的前程，谓之“抓周”。此俗来源颇早，宋时文人笔记中多有记载。“其家罗列锦席于中堂，烧香秉烛，顿果儿饮食，及父祖诰敕、金银七宝玩具、文房书籍、道释经卷、秤尺刀剪、升斗戥子、彩缎花朵、官楮钱陌、女工针线、应用物件、并(瓶)儿戏物，却置小儿于中座，观其先拈者何物，以为佳谶，谓之拈周试晬。”[②]若取笔意味着长大后会成为文人，取算盘则意味着会成为商人。《红楼梦》第二回中的贾宝玉，抓了胭脂和钗环，贾政不喜。今人生子满周岁，仍有“抓周”习俗。

朝鲜族和蒙古族亦有“抓周”习俗。朝鲜族婴儿抓到线表示长寿，抓到弓箭表示勇敢，抓到剪刀象征手巧，抓到铜钱象征富贵，抓到打糕象征老实。

蒙古族周岁或未满周岁的婴儿串门时，都要给婴儿挂彩线，寓意孩子福寿绵长，并含“拴住”之意。

第二节　婚　礼

一、朝鲜族婚礼

朝鲜族婚礼有自己的民族特色及发展过程。

通过媒妁之言，双方家长及本人同意后，男方选送礼品给女方，即“纳彩”。男方主婚人率男方至女家，正式求婚，向女方家长行叩首礼，谓之“拜识”。次日问清姑娘的姓名、年庚，用以卜婚，即“问名礼”。女方如同意，双方交换庚帖。男家把“四柱”交女方。所谓“四柱”，是一张写有男子姓名和出生年月日的白纸。女方接男方“四柱”之后，便与自家女儿的“四柱”和“宫合”相对照。所谓“宫合”，是把待婚男女的“四柱”同五行相对照，占卜吉凶的习俗。“四柱”如与“宫合”相谐，即可订婚，否则以为不吉。如看“四柱”时，若男子生于庚戌是属狗的，女子生于甲寅，是属虎的，便认为男子会受女人气。在朝鲜族习俗中，“宫合”不谐，不能成婚，此俗与汉族的“看八字”合婚是一个道理。

如婚姻相合亲事已定，新郎家向女方通知吉期，是谓“纳吉”。之后是“纳币”，新郎家送青缎、红缎等衣料及装饰品给女家。再后是“请期”，新郎家把择好的婚期以书面形式送至女家，如女家同意，就按时迎娶。

最后是“迎亲”成礼。表现出朝鲜族独特风情的是，婚礼仪式分两次进行，有新郎婚礼和新娘婚礼之分。新郎骑马迎亲时，先在新娘家举行婚礼，叫“新郎婚礼”；三日或一日后，新娘乘喜车与新郎同归夫家，叫“新娘婚礼”。新郎婚礼按奠雁礼、交拜礼、房合礼、席宴礼等顺序进行。

迎亲之日新郎要早起到祠堂参拜，并向父亲陈述自己即将结婚的事实，父亲则叮嘱儿子：“迎回妻子，延续香火，继承祖业。”儿子则表示诚恳接受训谕，谨遵父命。之后新郎出发迎亲，婚礼先在女家举行。迎亲的队伍中要有一手牵木制彩雁模型（用红布包着）的人，称作“雁夫”，走在新郎前面。新郎身骑白马或乘轿排在中间，后边跟随亲戚及荷夫，或乘车或骑马或步行。送亲人中除伴郎外，必须有新郎的爷爷或伯叔等长辈，他们被称为“上宾”“贵客”。新娘到新郎家的时候，同样也必须由长辈陪送，以示郑重。

新郎到新娘住的村镇后不直接进入女家，先宿“下处”（暂借一室）略做休息，然后换上官服（结婚礼服），按吉时由雁夫导引，去女家迎亲（不备鼓乐）。到女家后新郎第一道礼仪就是“奠雁”。“奠雁”是古六礼中最重要的程序（曾出现过三次），取雁之忠贞不贰、爱情专一，以喻夫妻之德。新郎迎亲下马时，女家将稻谷装入麻袋作为马镫，新郎踏之，象征婚后粮谷满仓，生活富裕。

下马之后行“奠雁礼”。殷实人家亦有在举行婚礼时铺七彩路的，用红橙黄绿青蓝紫七种绸布缝一段彩绸铺在地上（类似汉族的铺红毡），以示前程锦绣。女家专设新郎房（即古之婿屋）或醮礼厅，在院中或厅里设醮礼桌（今称之为婚礼桌）两张，上置花瓶（插青松翠竹、杨柳等，象征四季常青）、果碟、酒食、红烛等（古时亦有置铜碗装清水及稻米者），装饰一新，下铺草席，置雁其上。当伴郎把油纸折扇（下系白绸坠子）交给新郎时，新郎行一礼，然后跪下，用右手握扇，用扇推雁，推时要特别小心，不能把雁推翻（新娘家铺席时，也有人故意做手脚为难新郎）。因为献雁是考验新郎是否机灵而又稳重的关键时刻，所以聪明的新郎以扇为虚应，实际是用手推，但又不能被人识破。以雁被推到新郎房台阶为止（古时亦有由新郎新娘各自头顶木雁互拜者），然后行跪拜礼。雁由新娘母亲亲自兜接在裙子中，或选出一位亲属将雁置于婚礼桌上。然后行交拜礼、席宴礼。行交拜礼时，司仪把新郎安排在婚礼桌西侧，把新娘安排在另一婚礼桌东侧。两人站定后，新郎首先向新娘礼拜，并给新娘敬酒，酒杯用托盘托着，盘中撒满青红丝（有用彩丝做的，有用青红辣椒切成丝的），色彩缤纷；新娘行跪拜礼接酒，然后再递酒回敬新郎，是谓“交拜礼”。之后，请新郎入喜宴，由女家亲属陪伴，新娘则不能同席。新郎在享用新婚美食之前，总要客气几句：首先婉转地提到自己的祖父母、父母及叔伯长辈对自己婚事的关心，希望能把喜宴上的佳肴送给他们一些。新郎说完，伴郎再重复一遍。随后就把酒菜收起来，名义上酒菜是为新郎准备的，但实际上被送到了新郎家中，先拿到祠堂去祭祖，然后再由长辈及全家吃掉。从这种礼仪中可以看出朝鲜族尊祖敬老的遗风，同时也可通过这种方法看出新娘家的生活水平、待客礼仪及烹调技术。以上是初礼。是晚婿宿新娘家，入岳家为婿所备专房，行“合房礼”。新婚夫妻互敬安好，然后新婿接受婚宴，宾朋邻里作陪。宴席结束时，新娘给新郎上饭，饭碗里埋有三个去皮的鸡蛋。新郎用餐时要留下一两个鸡蛋给新娘，以示情谊。自此二人正式结婚。第二天早晨，女家邻里、亲属都前来争看新郎，互相介绍，相处融洽。“奠雁礼”今已废，为“磅函礼”所代替。所谓“函”，是红色木匣内装少许大米、衣料、假发、钱币、婚契等作为礼物。磅函礼一直流传到今天。

新郎在此三日酒宴中，常受同辈青年的考验和捉弄。如出“考单”，提出些古怪问题，或限韵作诗，考新郎的才学，此亦古“东床礼”之遗俗。若纠缠不已或太出格，往往由岳母出面调停，以金钱果品为新婿解围。

三日之后，新郎回家，有新娘一起归者，也有改日再接者。今一般皆住一日即归，或当天即回男家。新娘离家的这天，娘家不再大摆宴席，而是由新郎家举办。新郎家也搭醮礼厅，设醮礼桌（婚礼桌），为新娘摆喜宴，并把桌上的佳肴送至女家。新娘家的送亲客也是爷爷和叔伯等长辈。

他们把新娘送到婆家，临走也要说几句嘱咐的话：“你虽然生长在我们家，如今你已长大出嫁。这里就是你的家了。要好好侍奉公婆，夫妻之间要相亲相爱，和睦相处，千万不能做出有损两家门面的事。”于是新娘便在公婆面前向爷爷和叔伯发誓，一定按他们的希望去做，不使老人挂念，并向他们施礼作别。

长白山一带的朝鲜族人家，喜车到家时，公婆要载歌载舞出来迎接，如不歌舞相迎，新娘可以不下车。在婆家举行新娘婚礼，亦有铺七彩路者，婚礼注重歌舞，隆重而热烈。夫妻交拜后，还有个特殊习俗：新郎迎接新娘进灶间，一脚踏锅台，将装有果品的葫芦瓢向炕所在的方向扔去。如瓢扣着则意味着生男孩，全家高兴。新娘由女伴导引进屋接受婚席。席上摆满糕点、糖果、鱼肉等佳肴。必备一只烧熟的翘首挺胸的大公鸡，嘴叼红辣椒。公鸡和尖辣椒都是雄性的象征，象征吉（鸡）祥如意，早生贵子。晚间洞房花烛之夜，男女青年歌舞相庆，通宵达旦。

二、满族婚礼

满族是狩猎民族，自古崇拜灵禽，反映在男女爱情及婚礼上也常以鸟羽作为定情的信物和婚礼上的饰物。史籍记载：“男以毛羽插女头，女和则持归，然后改礼聘之。”后演变为以雉鸡翎织成漂亮的披肩作为新娘婚服，象征吉祥。据吉林、农安等地耆老所谈，有这种礼服的人家清末已经极少，婚后只能节日一用，今已不见。

满族婚姻主要是一夫一妻制，严禁同姓通婚。清代以来，满族婚姻特别重视门户，同时禁止早婚。官府及满族家谱都规定不许在十二岁以前订婚。一般在十五六岁订婚，十七八岁以后方可结婚，极少有指腹婚和童婚现象。择婿重门户而不重彩礼和贫富。《啸亭杂录》载：“凡所婚娶，必视其氏族之高下，初不计其一时之贫富……”这一习俗亦可以理解为择婿重家风门第，重德不重财，所以有“相门户”之俗。这是女方了解男方家世的主要程序。男子行聘也要看女方家世和女子品德，访查好了方遣媒说亲，一般需登门三次，双方都有了充分了解之后，才得女家准信。媒人每次登门必携带一瓶酒为礼物，故俗谚有云：“成不成，三瓶酒。”后来受汉族影响，亦有“合婚”程序。吉林省满族订婚，除受属相生克、宿命、迷信观念影响，还有年岁上的禁忌。有“女大一，不是妻；女大两，黄金淌；女大三，抱金砖”之说，故一般认为女子大两三岁或小两三岁无妨，独忌“女大一岁”。此说以后影响到汉族合婚禁忌，当然是毫无科学根据的妄谈。

双方家长认为门第相应，并征得男女本人同意后，答应议婚，媒人即带领求婚者到女家行叩头礼，让女方父母相看一番，俗称“验姑爷”。论者以为“此殆金代婚礼男下女之遗意也”。如女家满意，下一步行订婚礼，由男方的母亲及姑姨等女眷去女家相看媳妇。此时姑娘行“装烟礼”（装烟敬长者）。如相看中意，男方赠送女方如意、钗钏、戒指等，以为定礼，是谓“小定”。或由男方主妇亲自给女方姑娘插簪钗、戴耳环，亦称“插戴礼”。

正式订婚的初仪称“换盅”。届时男方的父辈在媒人带领下携酒肉到女家，女方以此酒肉设宴招待。炕上放一小桌，两亲家对坐，双方把肥大的旗袍衣襟铺在桌上，然后开始上菜，菜盘要压住衣襟，两亲家把酒杯倒满，端起来，互相换盅，一饮而尽，谓之“认亲家”。如果新姑爷去了，女家要给“压腰钱”，并赠送“腰褡”。腰褡有绣花的、金丝的、串珠的，都是姑娘亲手做的。腰褡不大，长方形，两头有口袋，中间有一个横口，留着装钱，腰褡讲美观，和鼻烟壶一样被看重。这种订婚礼俗，俗称“放定”。小礼过后是大礼。大礼必送猪、酒、布匹、首饰。此猪称“他哈猪”。经济条件好的男家要送双猪、双酒（两缸酒，一缸50斤）。女方用此猪、酒宴请宾客。吉林以东满族姑娘行聘，亦有跳家神祈福者，来宾则以金钱或首饰给姑娘“添箱”。此后姑娘择吉开剪，准备嫁衣。开剪三日，姑娘挽袖盘髻，试行出嫁仪式。

满族娶亲，一般婚礼进行三天或两天。头一天，女家送嫁妆于男家，男家由全福人布置好洞房，被子四周放枣子、花生、桂圆、栗子，中间放一如意，意味着“早生贵子，万事如意”。彻夜奏乐吹笙，谓之“响房”。

也有的人家在此日搭棚设灶，准备宴席，同样奏鼓乐，则称之为“响棚”。家远的女方则于此日先宿“下处”，等待出嫁。

正日娶亲程序与汉族相似。喜车到门，也有“憋性”不纳习俗，即“纳之”。于鼓乐齐鸣、鞭炮连天中，新郎先向喜车（轿）虚射三箭，谓之“驱煞神”。喜车卸去辕马后，新娘踩高粱口袋下车（轿），头蒙红巾，前后心悬铜镜，怀抱宝瓶，拜天地，坐福等，大体皆与汉族婚仪相同。具有满族婚仪特色的是，吉林东部满族婚仪上“搭拉密”（男方迎娶时的领班人，俗称“知客”）的活动。“搭拉密”必须精明干练，既懂规矩，又有教养，还要机智热情，口齿伶俐，善于言辩。他身挎酒憋子（一种扁平小口瓷壶），上贴“囍”字，里面装着上等好酒。“搭拉密”到女家行迎亲敬酒礼，必须用酒憋子里的好酒，给新娘父亲敬酒。女方有好逗趣的人，总是千方百计设法偷去酒憋子，换上白水，使“搭拉密”当场出丑。一般“搭拉密”献酒，女方父亲喝时总是赞“好酒好酒”，然后一饮而尽。如果是水，就把酒杯还给“搭拉密”，并和颜悦色地说：“此酒需好酒，婆家没有娘家有，拿酒来!”偷酒的人早已等在左右，答应一声，递上酒壶。“搭拉密”一尝，如果真是他带来的酒，就竖起大拇指笑着说：“这是我的好酒，你真有两手!”同时掏出赏钱给盗酒者。此时自然引得在场的人哄堂大笑，大大增加喜庆气氛。正因如此，“搭拉密”不论多忙，酒憋子不离身，随时警惕喜酒被盗。

另一带有喜剧色彩的礼仪是“磕哑巴头”。满族婚礼，新郎迎亲时，要给女方亲属一一叩头，然后新人才能上轿。女家为了女儿到婆家不被轻视，除了必须受礼的岳父、岳母等长辈之外，往往拉一些不相干的屯邻乡亲充数，以显示原系望族，门第不凡。加上女方执事人有意捉弄新郎，便使新郎有磕不完的头，新郎自然不便分辨，就按指挥磕头，俗称“磕哑巴头”。如今此俗早已消失，但民间仍留一句歇后语：“新姑爷认亲——磕不完的头。”

在长春地区娶亲时流行男方给女家送“离娘肉”，实是满族习俗，已被汉族接受，称之为“献肉礼”。有时送葱、粉丝、酒，取“聪明长寿久远”之意。“离娘肉”一定要有两根以上双数肋骨肉，一刀砍下，送给新娘母亲，安慰她女儿离去的痛苦。此肉须由男方长辈或执事人献上，女家得肉后从中割开，留下一半肋骨，另一半由男家带回，作为回礼。新郎到女家给岳父母及长辈行叩头礼。

清代满族男青年18岁便去当兵，有的在军营结婚，姑娘必须远嫁。若两家距离较远（当时满汉不通婚，找本族门当户对的人家结亲亦非易事，故常远处联姻），新娘常先一日到夫家所在地，住在“下宿”。打“下宿”时要给“压炕钱”。亦有女家送亲，男家娶亲，长长的婚程由两家平均负担的情况。双方喜车相遇谓之“插”车。要由送亲兄长抱新娘送至男方娶亲车上，将新妇娶回。车夫要交换鞭子，以为纪念。遇官轿（车），喜车喜轿概不让路，官轿（车）给喜车喜轿让路。

满族拜天地，叫“拜北斗”。到院中或洞房（或帐篷）前，新郎用秤杆或马鞭将红巾挑下置帐顶，每过一门，都将高粱口袋放在门槛上，上放马鞭，使新娘跨过，谓之“步步登高”“步步平安”。坐帐亦登高粱口袋上炕。坐帐亦曰“坐福（斧）”，夫妻南向并坐，席下置斧，“斧”谐“福”音，故亦俗称“坐福”。之后是开脸、祝吉。祝吉，昔是由萨满致祭，唱“合婚歌”（后改为族长致祭），一对新人跪神桌前接受祝福。也有仅新郎一人受吉，新娘坐福不动者。新娘要坐到日落之前，小姑或小叔拉一把才下地，曰“看日红”。此时所念吉利语是：“小叔子（小姑子）拉一把，又有骡子又有马。”

入夜行“合卺礼”，吃子孙饽饽（饺子）。行礼时由全福人斟满两杯酒，新婚夫妇各呷一口，互换酒杯，再饮一口，即为“合卺礼”。接着吃子孙饽饽和长寿面，然后两人争坐被上，居先者为吉。古时满族娶亲，新婚之夜要宿在临时帐篷中，颇有北朝婚俗初夜宿“青庐”的遗风。入洞房时新郎有“绕帐求宿”（三圈）仪式。必待新娘允诺才好进帐，否则就多绕几圈。后此俗已废，不再设帐。满族一向敬祖，新妇入门不久，有穿婆婆鞋溯河而上的习俗，有沿老人来路走、“慎终追远”之意。此类古俗早已不存，但长春一带今日结婚，仍有新妇下汽车后穿婆婆鞋入洞房的新俗，想是往昔“穿婆婆鞋，溯河而上”的满族古俗的演变。结婚时送亲女家也有给新郎家送酒、粉条、大葱、红枣的习俗，取“夫妻久长、福寿绵长、聪明伶俐、早生贵子”的意思。其他拜祖、闹洞房、吃子孙饽饽、长寿面，三日或七日回门，满月后新娘住对月（在娘家住一个月），归时给公婆及姊妹们带回“针线活”馈赠等习俗，与汉族大同小异。

注释

①据《满洲源流考》。

②据〔南宋〕吴自牧《梦粱录·育子》。

第八章　民间信仰民俗

民间信仰又称民俗信仰，是在长期的历史发展过程中，在民众中自发产生的一套神灵崇拜观念、行为习惯和相应的仪式制度。

第一节　巫术与禁忌

卜筮文化是自古流传下来的对命相占卜的各种方法和认识，吉林省大概有占卜、算命、相面、看风水等项。

它们原属于巫术的范畴，是先民在万物有灵观念指导下企图了解自然、改变人的命运的手段，具有神秘性和迷信性。随着科学的发展，这种迷信行为逐渐衰落，但这种民俗心理，相沿成习，得以保留，影响人们的思想和生活。兹分述之。

一、占卜

远古社会由于生产力低下，人们不能掌握自己的命运，以为有各种超自然力在起作用，于是用各种占卜的方法，企图预测吉凶祸福。最早用龟卜，以火炙龟背，以所得纹形卜吉凶（后亦有用牛、鹿之肩胛骨为之者）。同时也用蓍草占卜，继而有钱卜、签卜、岁卜、梦卜、物卜等方法。

古代之龟卜，因龟壳难得，代之以牛、鹿的肩胛骨。吉林古时特别在少数民族中使用过兽卜，即用牛、鹿或猪、羊的肩胛骨炙成纹络，以炙纹的指向形态卜吉凶。兽卜的习俗今在黑龙江省的鄂伦春族和赫哲族中尚有保留，吉林省各族已失传。

岁卜在东北境内农村普遍流行，用以占卜岁时气象和农事之丰歉。如“瑞雪兆丰年”“八月十五云遮月，正月十五雪打灯”“重阳无雨看十三，十三无雨一冬干”“大旱不过一月十三”，这些具有农谚性质的岁卜，都带有一定的科学性，可以说是生产经验的总结。

民间用立鸡蛋、立筷子、手举斧子等方法预卜某种事物的倾向性，称“物卜”。鸡蛋、筷子通常难立住，手举斧易伤人。如果鸡蛋、筷子立住，手举斧而不伤，即认为有神判其事，以为神断。与此相似，人们认为观察某种动物的形态声音，也可以预知事物的吉凶，如“夜猫子进宅，无事不来”“夜猫子叫，凶事到”“喜鹊喳喳叫，必有喜事到”“麻雀闹喳喳，家宅防火烧”“母鸡打鸣，家有死人”等。总之，人们认为违反事物正常规律的现象都是不吉利的。

二、算命

算命是一种古老的预测命运的方法，用“批八字”的方法进行，不同于卜卦。操此业者被称作“算命先生”。旧社会中有些盲人为维持生计，常习此业。当然不限于盲人，明眼人亦有习此业者。他们通过“批八字”推断一个人一生的命运或者某事的成败。“八字”就是人的出生年、月、日、时（四柱）各配上天干地支，凑成八字，如甲子、乙丑、丙寅、丁卯……然后将八字与五行生克的说法相结合，推算出命相好坏、事业成败、婚事谐否等。断人吉凶成败，常有迷惑人，引导人向命运投降，产生宿命论的不良影响。算命先生往往凭借问卜人的口气，察言观色，根据他们的心理愿望，结合命相，加以想象，推断诠释。

人们多企图通过算命预测命运，以求趋吉避凶、逢凶化吉或借以解惑。然而，我们岂能把自己的命运轻易交与他人？故问是问，算是算，科学时代，真正信命而坐以待毙者，毕竟不多。

三、相面

相面是依面部器官、骨骼、手纹、气色、体态等推测吉凶祸福、贵贱寿夭等。相面，重点是看面部生理器官（即五官）的结构。一般以天庭饱满、地阁方圆、耳大臂长为福相。人们认为，眉里藏珠主贵，眼下滴泪（长黑痣）主丧父母、夫妻，要及早消去。还有“黑痣搬土，红痣搬福”的说法。吉林传说老罕王清太祖努尔哈赤脚心有七颗红痦子，因而贵为皇帝。过去看相者不但口述吉凶福祸，还在一幅大布上绘人面相，上标黑红痣生长的位置，并标上命相吉凶。

看手相也是占相法的一种。东北民间旧时把指纹分“簸箕”“斗”（指纹敞口如簸箕者曰“簸箕”，指纹圈套圈者曰“斗”）。就十指“斗”的数目，区别命运。各地说法不同，吉林地区大体为：“一斗穷，二斗富，三斗、四斗开当铺，五斗、六斗背花篓、七斗、八斗遥街走，九斗一簸，到老稳坐。”

现代看手相常将掌中三条主线分成事业线、婚姻线、寿命线，以其长短及细纹的条理来断吉凶。甚至有用科学仪器解释命运者。如将生辰八字输入电子计算机，输出信息，示人命运。这属于新的迷信，亦带有一定游戏性质。

此外，过去吉林省有过扶乩（二人扶机子，请神书谶语）、测字、占屋、望气等卜筮活动。今除测字偶被老年文士使用外，其他诸法，皆已失传。

四、看风水

看风水、卜阴阳宅、相地势、镇凶求吉，都是旧社会卜筮活动的一种，学名“堪舆”。旧俗把一地之风水，看作事关兴亡的大事，大至国家气数，小至个人命运，皆与自然之风水有关。把选坟地看房宅，看作与家运兴衰、子孙荣辱、生活否泰有关的大事。

一般认为背阴向阳、依山傍水的地方风水好，城的四周，群山起伏，层峦叠嶂，原属龙脉。吉林城在松花江与北山环抱之中，登北山高处，下瞰江湾，山环水满，犹如一幅阴阳八卦图。

也有的说吉林城似“琵琶城”，有四山相护：左青龙，右白虎，前（南）朱雀，后（北）玄武。这是以“四神”借喻吉林四周的名山。把东边的龙潭山叫作“左青龙”，西边的小白山叫作“右白虎”，南边的朱雀山叫作“前朱雀”，北边的玄天岭叫作“后玄武”。因此，吉林被认为是福地。据堪舆者言：吉林北山原名九龙山，下有卧虎沟，加上“左青龙，右白虎，前朱雀，后玄武”之说，是出真龙天子的地方。相传，康熙东巡时有忌于此而斩其龙脉，改九龙山为北山（因在吉林将军府北故名北山）。乾隆三年（1738），玄天岭上建起一座道观，称为“玄帝观”，又名“真武庙”，前祀真武，后祀斗母。此道观在设计上别具匠心，殿中有一梁悬空，一柱离地，人称“悬梁吊柱”，被列为昔时“吉林八景”之一。玄天岭上还有用青砖砌成的八卦形砖壁，直径五丈，其中用石条嵌成坎形的卦象，即有名的“坎卦图石”，俗称“避火图石”。

这是因为吉林城为木材集中地，多次遭受“火烧船厂（吉林）”的灾难，故而特意设置，以避火灾。

第二节　民间宗教与信仰

近世以来，东北宗教信仰由民间原始宗教信仰向其他类型宗教信仰过渡。民间的宗教组织大概有佛教、道教、伊斯兰教、天主教、基督教等。

在党和国家的宗教政策下，目前各大宗教组织都正常开展活动，有些寺庙得到国家拨款，整修一新，宗教活动得到正常开展。据吉林省人民政府宗教事务局的材料统计，省内有萨满教活动，并有佛教、道教、伊斯兰教、天主教、基督教等五种宗教组织。佛教寺庙33座，道教、宫观4座，伊斯兰教清真寺77座，天主教教堂38座，基督教教堂162座。总计宗教教职人员近千名，活动场所600多处，伊斯兰教和基督教信徒人数较多，道教和天主教信徒人数较少。散在民间的佛教居士及一般信仰者，宗教事务局虽无明确统计，但可以确定人数相对较多，而且与崇尚儒家思想、道家思想相结合。

一、萨满信仰

萨满教是以满族为主，东北各民族普遍信仰的原始宗教。在东北史籍中有关肃慎、挹娄、勿吉乃至清代的记载中，都可见到有关萨满教的活动。

萨满教产生于原始母系氏族社会，早期多女巫。南宋徐梦莘在《三朝北盟会编》中最早指出："珊蛮者，女真语巫妪也。""珊蛮"即"萨满"的意译，都是古通古斯语的音译，都是"巫"的意思。萨满更有"晓彻、通晓神意天使"[①]之意。蒙古语中萨满为"博额"或"波"，是巫、神职人员的代称。萨满教认为世界分为三界："天堂"为上界，诸神所居；"地面"为中界，人类所居；"地狱"为下界，鬼魔所居。而宇宙万物，人生祸福皆由鬼神主宰，信仰亦崇祀多神。满族人认为神灵赐福，鬼魔降祸，萨满是沟通人神之间的中介，能为氏族消灾治病，求生子女，保护族人。故早期满族和蒙古族在战争、生产以及日常生活礼仪中都有萨满教的活动，并供奉神偶（如祖先神）、神谕、神匣（装诸神的木匣）、神器等。

在萨满教信仰中，萨满的社会地位很高，在古代他们既是宗教中的神职人员，又是氏族领袖，是政教合一的首脑。后世其虽失去政治首领地位，但在民间信仰中地位依然很高。他们穿着神裙，戴着神帽，身系腰铃，手击神鼓，口唱神歌，念念有词。在"栽立"（二神助手）配合下，跳神舞，诸神附体。神来之时，萨满全身发抖（实为一种催眠术），或显异术，或有特异功能，非常人之所能。故萨满的传承不是世袭的，一般采用"神选"的方法，要选择那些既信仰萨满教又能通灵、跳神或神经异常之后能治病者。总之要选具备萨满"特殊品质"的青年男女为萨满传人，再经过特殊训练（如请神送神、走火池、挂大刀），在满族祭礼中表现出神的威风，才有资格做萨满。

昔日在满族萨满教祭礼中，可分为"祭家神"和"放大神"两部分。家神多指天神、农神、祖先神、部落守护神、佛朵妈妈等神灵。放大神的神灵多指本姓已故的萨满神，俗称"太爷"。氏族英雄神俗称"瞒尼神"。动物神，俗称"野神"。努尔哈赤统一女真族各部后，限制各姓放大神。乾隆朝颁布《饮定满洲祭神祭天典礼》，大部分满族姓氏停止了放大神祭祀，只祭家神。祭祀神灵时不戴神帽，跳模拟动物神、英雄神的舞蹈，俗称"扣了大箱"或"扣香"。后来这种祭祀礼仪几乎消亡。但东北有些满族姓氏如尼玛察氏、石克特拉氏、奚赫特里氏等仍保留了原来的大神，被称为"没扣香"的姓氏。近年来在松花江上游满族聚居地，仍能看到别具风采的野祭，主要祭鸠神、首雕神、蟒神、鹰神、金钱豹神、野猪神、虎神及创业始祖神等。

每请某种野神，萨满即模拟某种动物的舞蹈，唱起歌颂某一野神的神歌。

野神祭反映了满族先民渔猎时代的信仰，集中表现在“祭敖包”活动中。

长于治病的萨满，称之为“跳大神的察玛”。这种萨满的地位不低于满族的大萨满（清代掌国家典礼的萨满）和氏族的家萨满（掌一个氏族祭祀的萨满）。吉林省过去民间的一些“大神”，多是些好逸恶劳、能说会道的人，他们利用某些“法术”，在偏僻农村骗财。他们所进行的迷信活动，多种多样。这些人无实际本领，大多装神弄鬼，骗人财物。这些所谓的“大神”，常常是对巫术见闻较多的人，某天突然宣布自己有某种“精灵”附身，能用“慧眼”识人吉凶，看人病症，或能做出一般人所做不来的特异行动，或一语中的，便宣布自己为“萨满”，俗称“香童出马”或“大师出山”。他们所依凭的神或大仙，往往是某种动物神，如狐仙、黄仙或蛇蟒、黄鼠狼之类。他们或宣称自己有某种特异功能，能看清人的前生后世，或说自己有“地眼”，可以找到失去的贵重东西，或鼓吹自己能专治某种疾患。

二、佛教与寺庙的分布

佛教在世界三大宗教中，历史最悠久。

佛教自东汉时传入中国以后，与本土的儒、道为代表的思想相互碰撞、相互融摄，形成中国化的佛教体系。

吉林省寺庙共34座，分布在长春、吉林、四平、敦化、辽源、通化、白山、白城、延边、松原等地。其中重点为长春的般若寺、地藏寺和吉林北山寺庙群。新建的则有敦化正觉寺。

长春般若寺

长春般若寺是我国天台宗44代祖师倓虚法师创建的一座寺院。“般若”乃梵语，译成中文是“智慧”的意思。该寺坐落于长春市人民广场东北侧，占地13800平方米。始建于1922年，因经费不足，延修了近十年之久，1932年才正式建成开光。当时，倓虚法师正在长春讲金刚般若波罗蜜经，故取“般若”两字做寺名。长春般若寺与哈尔滨极乐寺、营口楞严寺、沈阳慈恩寺并称“北方四大佛教丛林”。长春般若寺历代住持为倓虚法师、澍培法师、成刚法师。

寺门对面原有一尊宏伟的倒座观音，“文化大革命”时期被破坏。1979年后，国家先后拨款27万元，般若寺自筹21万元，总计48万元，开始对寺庙进行修复。本次修复从1980年开始，至1987年竣工。

1987年9月23日，寺院正式对外开放。般若寺的建筑风格是传统的殿宇式，以大雄宝殿、天王殿、藏经楼为中轴线，东西两侧配有观音殿、地藏殿、伽蓝殿、达摩殿、钟鼓二楼等建筑，该寺藏有大藏经两部、玉佛一尊。天王殿内塑有弥勒菩萨像，两旁分立四大金刚像。“大雄宝殿”四字出于全国政协原副主席、中国佛教协会原会长赵朴初之手，大殿内设有释迦牟尼佛像，两侧塑有十八罗汉像。另外，其他殿堂设有地藏王、观音、伽蓝和达摩祖师像。

目前，长春般若寺是全国汉地重点开放寺庙之一、吉林省内最大的佛教丛林和佛教活动中心。除佛教三大节日（旧历四月初八、十八和二十八）外，每月初一和十五均举行法会。吉林省佛教协会和长春市佛教协会也设于此。同时，它还是吉林省重点文物保护单位之一、“长春市一日游”景点之一。

长春地藏寺

长春地藏寺（位于长春市南关区长春大街北胡同1号）是具有一定规格的尼众道场，1926年，由比丘尼祖圆法师在今南关区原声街一带创建，因供奉地藏菩萨而得名。1983年进行全面维修，重塑石膏贴金释迦佛和阿难、迦叶地藏王、闵公、道明、观世音、善财、龙女、韦驮、弥勒等像，并添置了法器，重建山门。整座寺庙建筑宏伟，法像庄严。

吉林北山寺庙群

吉林北山雄踞吉林城西北，南临浩渺的松花江，正如玉皇阁匾额所写，可谓“天下第一江山”。吉林北山不光以风景秀美而出名，更以吉林北山的庙会是东北地区最大的庙会而声名远扬。这里有著名的关帝庙、药王庙、坎离宫、玉皇阁等，因此也被称为“吉林北山寺庙群”。

从北山东峰拾级而上，便是威严的关帝庙。该庙始建于康熙四十年（1701），占地面积为2801.07平方米，由迁居吉林城的山东籍人士集资修建。后在雍正到民国年间，不断修建，于民国年间被辟为公园。

正殿奉关公塑像：头戴通天冠，身着蟒龙袍，并配有法器和铜质青龙偃月刀一柄，左右两侧分祀有火神、龙王、周仓和关平等。殿内悬有三副绝妙的楹联，不知出自何人之手：“兄玄德弟翼德德兄德弟，师卧龙友子龙龙师龙友。”“义秉君臣心如天日，气吞吴魏志在春秋。”“数代兴废江上去，万家晴雨眼中来。”横额有“至大至厨”“华夏正声”“泽被松江文武圣神”等。

正殿西南侧翥鹤轩的一副楹联为“吉林三杰”之一徐鼐霖所题，上联是“图画本天成试观四壁云山万家烟火”，下联是“楼台从地起且喜大江东去爽气西来”。即景生情，江天一色，自然风景和诗人的情怀融为一体，更耐人寻味。

药王庙又称“三皇庙”，坐落在关帝庙后，正殿供奉的是天皇伏羲氏、地皇神农氏、人皇轩辕氏。左龛主像是药王李时珍，右龛主像是药王孙思邈。东西两侧是我国历史上“十大名医”——扁鹊、华佗、张仲景、淳于意、葛洪、王叔和、陶弘景、李东垣、吴岐伯、雷公的塑像。正殿悬有乾隆五十三年（1788）吉林将军都尔嘉所题的“民生永赖”的匾额。

坎离宫位于吉林北山玉皇阁和药王庙之间，始建于光绪二十三年（1897），占地面积为334.88平方米。正殿三间主奉日、月神，两侧奉土地、山神、龙王、雷公和火德神。按《周易》八卦的说法，坎为水，离为火，水属阴，火属阳，故道教将主奉水、火之神或日、月之神的庙宇称之为“坎离宫”。此庙的修建与玄天岭上的“坎卦图石”一样，都是因吉林发生多次大火（“火烧船厂”），于是人们祀水、火神，以祈平安。

玉皇阁又名“大雄阁”，位于坎离宫后，是北山寺庙群中地势最高、面积最大、建筑最宏伟的庙宇，为乾隆四十年（1775）宽真所创建，占地面积为5124平方米。玉皇阁自建庙起至1949年前为止，曾多次修葺和重建。正殿最高处朵云殿（楼房六间，上下各三间），正中主奉玉皇大帝坐像，两侧墙壁上绘有二十八宿彩画。正殿楼下中部供有三尊女像，即三霄娘娘——云霄、碧霄和琼霄。

东西两侧为送奶娘娘、消灾娘娘、花娘娘、子孙娘娘、胎气娘娘、文书娘娘、炼丹娘娘、眼光娘娘塑像。前院牌楼门东侧有祖庙数间，供奉儒、释、道的创始人孔子、释迦牟尼、老子。两侧供奉蔡伦、公输班、姜太公、蒙恬、达摩、杜康、陆羽、吕祖、李时珍、孙膑、诸葛亮、华佗、吕洞宾、黄道婆、杜甫塑像。在祖师庙东侧有观音堂，供奉观音。牌楼门西侧有老郎殿，供奉唐明皇、文曲星和财神爷。在老郎殿西侧有胡仙堂。

牌楼门上高悬的“天下第一江山”匾额，原为吉林将军松筠所书，今为吉林书法家张书绅仿松筠笔意所题。在朵云殿两侧配庑有“万缘轩”和“吟秋阁”，旧时许多匾额和楹联均出自“吉林三杰”之一、著名诗人、书法家成多禄之手，其联云：

五载我重游桑海高吟诗世界；
一层谁更上乾坤沉醉酒春秋。

绝妙朋游，有明月一杯，好山四座；
是何意态，看大江东去，秋色西来。

富贵贫贱，总难称意，知足之谓称意；
山水花竹，无恒主人，得闲便是主人。

这座奉祀道教最高神的道观玉皇阁是北山寺庙群中的最高建筑，以山门、牌楼、朵云殿为中轴，东西配庑对称。从“天下第一江山”牌额处总览吉林山水之胜，颇为壮观。除所祀道教玉皇大帝之外，又兼容儒释为一处，这种三教合一的奉祀格局，反映了明清之际吉林宗教信仰的特色。各种庙祀活动使中国民间文化传统，通过宗教形式在民间普及和传播。

除以上坎离宫和玉皇阁反映道家思想在吉林传播之外，还有吉林市北玄天岭上道观真武庙和通化玉皇阁。真武庙又称“玄帝观”，始建于乾隆三年（1738），其“八卦图”和“悬天一柱”颇有特色。真武庙已毁于“文化大革命”时期，未再修复。通化玉皇阁位于通化市风光秀丽的玉皇山上，始建于1891年，已有百年历史，占地4000余平方米，是吉林省最大的道教宫观。通化玉皇阁是宫殿式建筑，东西各有12米高的钟楼和鼓楼遥相呼应，楼上的东西山门拱卫着画有八卦图的朱漆大门，跨进大门即马殿，供有岳飞的白龙马和关公的赤兔马，气势雄伟。内有吕祖殿和娘娘殿，后者分别供奉各司其职的众多娘娘神，显示了当地人民信仰的多样性和奉祀的综合性。

农历四月十八为娘娘庙会，昔日吉林北山的娘娘庙会和辽宁大石桥的娘娘庙会，并称“东北两大娘娘庙会”（今在玉皇阁内祭祀诸娘娘）。由于吉林开化早，又是吉林将军衙门所在地，所以这里的娘娘庙会远比大石桥的娘娘庙会热闹。每年四月十八，香火旺盛。传说娘娘为东岳大帝之女，神通广大。人们主要把祈子的愿望寄托在娘娘身上，认为娘娘主要管男女生育诸事，并有具体分工：子孙娘娘、送奶娘娘、三霄娘娘、眼光娘娘等，各司其职，施惠于妇人孺子。至今，还有“逛娘娘”庙会的民歌：

高粱刚拔苗，杨柳才发芽，
盼望的日子四月十八。
走呀走呀走呀，逛娘娘庙会去呀，
要烧香可别忘了拴娃娃。

民间习俗常在娘娘庙会上还愿、献神袍、烧替身。“烧替身”是儿童病重，父母唯恐其死去，用一纸扎人代替病人焚化，以祈免灾的一种风俗。传说这类病儿原是娘娘驾前的金童、玉女或捧水童、烧火童，偷偷下凡投胎人间。如今娘娘发觉，索回天上，若烧一“替身”，小儿即可痊愈。“替身”系纸扎人，略小于真实儿童（亦有大人烧替身者），上写儿童姓名，在佛前祈祷完，焚于娘娘神前，意为此病儿已成佛门弟子。回家后为孩子改名，从此神鬼再也找不着他，便可永保平安。这种偷梁换柱的赎罪方法在民俗中是普遍存在的。类似的方法还有剃头跳墙。长春、吉林一带的小男孩到了八岁，有“跳墙”之举。民间为了让小男孩好养活，或因其身体多病，或因其八字不吉，要许愿让他到庙上出家为僧，认为这样可免灾。其方法不是烧替身，而是举行一次假出家的仪式。一般由舅舅带小男孩到庙上拜师，并为其剃发（只留顶发，余皆剃去），同时在庙内设一长凳，以代庙墙。剃发之后，僧人用筷子（或木棒）打小孩头，装出生气的样子，高声喝“快跑快跑，白头到老”，或者说“滚出庙门，不许回头”。小孩赶紧跳过板凳，跑出庙门，由舅舅或家长领走，算是躲过灾难，可保平安。若是小孩自幼许给关公驾前当马童的，这种跳墙仪式在关帝庙举行。

关帝（三国时关羽）是一位特殊的神，佛、道、儒、俗都供奉他。传说农历五月十三（一说六月二十四）是关老爷生日，关帝庙会乃定于此日举行。佛家称关羽是伽蓝菩萨（护法神），道家尊他为荡魔真君、伏魔大帝，儒家奉他为与文圣人孔子齐名的武圣人，民间则称其为“关老爷”（满语为“关法玛”）。因为历史上的关羽忠义千秋，主持正义，又有超人的武力，所以民间连武财神的尊位也给了他。吉林省内各县差不多都有“关帝庙”。没有娘娘庙的县市，也有的在农历四月十八办“老爷庙会”。过去也常在老爷庙前搭台唱戏，祈愿还愿，认为关老爷最关心人民疾苦，强敌来侵时，总是由他显圣保卫城池。传说在清末沙俄军队侵入吉林时，关公显圣，沙俄的元帅曾亲眼看见关公枣面长髯，横刀立马于城头，吓得望风而逃，吉林城因此得以保住。

敦化正觉寺

敦化正觉寺为东北古刹，始建于清光绪年间。原址坐落在长白山脚下的敖东古城东关，占地面积约2000平方米。原址房屋共三十二间近700平方米，当时叫娘娘庙，历代住持有：唯空法师、尊国法师、兴运法师、佛性法师。到20世纪30年代末，由兴运法师更名为正觉寺。20世纪四五十年代之后，正觉寺逐渐败落，建筑开始倒塌，到20世纪80年代，已经片瓦不存了。20世纪70年代初，由佛性法师在美国纽约修建正觉寺下院。20世纪90年代初佛性法师回到祖国，中兴正觉，选址敦化六鼎山，重建敦化正觉寺。如今的正觉寺已经是远近闻名的亚洲最大的尼众道场。

新建的正觉寺位于长白山余脉——敦化市六鼎山上，依山傍水，风景优美。寺院占地面积约9万平方米，群体建筑约2万平方米。正觉寺在1993年5月正式动工，有牌楼、山门殿、天王殿、大雄宝殿、观音殿、藏经楼、钟楼、鼓楼、僧房、锅炉房、厨房等，耗资甚巨。新正觉寺全部殿堂区建筑虽为古典样式，但都是使用现代化钢筋水泥建筑材料，设计宏伟，风格独特。

大雄宝殿按故宫主殿外形设计而成，非常壮观。仅殿门前8根汉白玉盘龙柱造价就60多万元。青皮木雕隔扇门及藻井、大型陶壁画、金龙彩绘等都耗资百万元，释迦牟尼及观世音像，均以真金漆身。观音殿建筑别具一格。主殿六角各跨一小亭，象征敦化六鼎山；共24条脊，象征一年24节气及一天24小时。尼舍亦皆现代化设施，焕然一新。整个建筑既充满了东方文化气息，又有西方简洁明快的格调。

第三节 民间信仰诸神

一、城隍祭祀

过去在民间信仰中极为重要而普遍的神是城隍神。最早见于先秦典籍，《礼记》中云："天子大蜡八，水庸居其七。"《陔余从考》卷三十五："水则隍也，庸则城也。"所以城隍是由"水庸"神演化来的，为古代守护城池之神。唐宋以后封王爵，神威显赫。人们认为水旱、冥间事物均由城隍职掌，又认为城隍掌生死，是地方阴间父母官。过去，吉林汉族、满族信仰城隍的观念十分浓厚。各地多建有大小规模不等的城隍庙，香火不绝。永吉县乌拉镇城隍庙，建于清道光二十二年（1842），今已毁。其建筑及泥塑之精巧，至今为当地民众所传颂。

吉林市原牛马行南头路北城隍庙胡同之城隍庙，初建于清康熙四年（1665），经嘉庆十一年（1806）、道光二十六年（1846）、光绪十一年（1885）三次重修。光绪十五年（1889），因火灾焚去钟鼓二楼。宣统三年（1911）四月初十日"火烧船厂"时，城隍庙被全部焚毁。民国八年（1919），由士绅出资重修。原城隍庙悬有光绪十四年（1888）御书"龙泉普佑"匾额一方和光绪十六年（1890）御书"龙泉惠普"匾额一方。

庙中城隍大堂，巍然森严，城隍坐像前的条案上有"圣旨""大印"和"签筒"。两旁站立神像八尊，左前为判官，右前为小鬼，左中和右中为持板皂役，左后和右后为持锁链皂役，形态逼真，为伤天负人者所惧。

大堂两角，左为童男，右为童女。后殿为城隍寝宫，所供奉的城隍爷和城隍奶奶檀香木雕像，真人大小，能自动站立和落座，精巧至极。城隍爷坐于殿内木椅上。城隍奶奶为民妆（汉人），盘腿坐于炕上，炕上有被褥。有专人到后殿为城隍夫妻早晚叠被铺褥，如待真人一般。

清末，每年三月寒食节、七月十五、十月初一为祭日。农历七月十五为城隍出巡日，早晨八九点钟，由地方官员亲将城隍木像抬上八人大轿。前有六十四道执事，由道士吹唢呐，中间拥着城隍大轿，后面众官员骑马护送，最后便是全城以及远道赶来的善男信女列长队尾随。一行人浩浩荡荡，将城隍送至临门外行宫，一直等到下午三四点钟，再送城隍返回庙中。这一仪式隆重热闹，全城鼎沸。民国以后，城隍庙及城隍行宫均陆续被拆毁，此举遂废。

锡伯族往昔亦笃信城隍，并在扶余镇郊建有简陋的城隍庙，年节致祭。

朝鲜族也有祭祀城隍的旧俗，城隍堂多建于老树下、山岭间或村子的一头，用石头砌起来。祭祀时，全村推选祭主。

二、土地祭祀

旧时，吉林诸乡镇城埠，都普遍建有各种规模较小的土地祠，俗称“土地庙”。土地没有神名，俗称“土地佬”或“土地爷”，乃冥间之地保，是比城隍官职更小的地方保护神，实即古之社神，又称“社会”。

“土地，古之社神也，无专祠，附山神庙内。凡有居民之处，必立斯庙。俗以为能保佑一方。不塑像，概画神牌。正坐山神，头盔身甲手斧，白面而长须。右一皤然老翁即土地也。左配一神，狞面武装，握锏或鞭，名为五道。居民概呼为土地庙，误矣。年节朔望，均奉香火，人死报庙、送行，皆在此处。”[②]这是指农村与山神、五道合祀的地方小庙，因突出土地的作用，故名之曰“土地庙”。也有些城镇是专祀土地神的。

一般的庙小而简陋，多用石头或泥坯砌成，高不过人。祠内供奉土地爷和土地奶奶，老叟银髯飘洒，老妪笑容可掬，二者皆慈眉善目，和蔼可亲。也有只供土地爷神像的，他正襟危坐，注视着庙外山川与行旅，使人感受到其神威虽不大，却是与人为善、受人喜爱的。

吉林市城隍庙旁附建的土地祠，在全省最有影响力，系清代所建。小庙朱漆绿瓦，里面除供奉土地爷和土地奶奶塑像外，两旁还有手持勾魂牌和锁链的众鬼卒。

三、其他俗信

过去，吉林民间还信仰虫王、苗王、马王、药王等。无子者供奉手挽弓矢、射逐天狗的张仙，患目疾者多奉祀眼光娘娘，戒酒、戒烟者信奉圣示佛。各大庙还有附祀之神祇，如三霄娘娘、子孙娘娘、催生娘娘、送子娘娘、痘娘娘等。

往昔，还有一些专业神祇、祖师爷，被吉林相关行业世代奉祀。吉林市河南街有座祖师庙，嘉庆十二年（1807）改建后有正殿六间，配庑六间，禅堂三间，祀太上老君、孚佑帝君、公输子、了义真人、罗真人、吴道真人、杜康真人、蒙恬真人、欧阳修真人、胡鼎真人像。

民间木匠、瓦匠等亦自供鲁班神为祖师爷，称其为“鲁班公”“鲁仙师”。

造酒的必供杜康酒仙，称其为“杜康祖师”。铁匠等均供奉太上老君。以上各神颇受崇奉，香火不断。民间各业若收弟子新徒，必要举行一番祭奠礼仪。在特殊情况下，对一些凶神也要祭奠，如煞神、太岁、丧门神等，以求避难得福。

注释

①据满族史诗《乌布西奔妈妈》。

②据《梨树县志》。

第九章　民间艺术及其习俗

民间艺术是在社会中下层民众中广泛流行的音乐、舞蹈、美术、戏曲等艺术创造活动的总称。吉林各族人民在土地辽阔、山岭巍峨的白山黑水之间生活，在大自然的陶冶、劳动生活的磨炼下，常常以歌舞、曲艺、游艺、竞技等各种民间艺术、娱乐形式反映自己的劳动、生活和感情，表达吉林各族人民的思想，经世代传承，形成了异彩纷呈的民间艺术。它是各种民俗活动的形象载体，其本身更是复杂纷纭的民俗事象。

第一节　民间工艺美术

一、松花石砚

松花石砚，又名“松花玉”或“松花砚”，是我国的名贵石砚，因选用松花石为砚料而得名。其产于中朝边境长白山山脉的浑江流域。

早在辽、金时期，松花石砚就由民间艺人雕琢成族人首领佩戴的饰物或达官贵人的馈赠礼品。清朝康熙年间（1662—1722），松花石砚成为宫廷独享用品。其砚“温润如玉，绀绿无瑕，质坚而细，色嫩而纯，滑不拒墨，涩不滞笔，砚之神妙尽备”[①]。乾隆皇帝曾为松花石砚题名，并以此石砚作为盛京特产之一。

自清末以来，松花石砚长期失传，到了20世纪，居住在长白山的老艺人发现了石砚料产地，经过采制、精雕细刻，使松花石砚再放异彩。

打出溜滑

二、民间刺绣

民间刺绣是吉林省汉、满、朝鲜各族妇女所喜好的艺术，也是昔时待嫁女子的日常功课。她们在漫长的封建社会里，把自己的青春全部消耗在描龙画凤上，其中有不少无名艺术家。

满、汉姑娘最有代表性的刺绣是枕头顶。因为枕头顶是嫁妆之一，既省料、简便，又可作为精品馈送亲友，所以不厌其多，越多越好。结婚当日将枕头顶连缀在一起在洞房展览，使满室增辉，实为女人一生的盛事。

过去，满、汉两族所用的枕头是适于炕上用的长方形的硬枕（16厘米×16厘米×40厘米），两头是方形的枕顶。头枕在长枕上，枕顶露在两边，用作装饰，可显示女主人的艺术才能，俗称“炕上活”。枕顶多以净面彩缎为料面，上面用彩色丝线绣制各种花式图案。满族多以八旗所用红、蓝、黄、白色为基本色调。姑娘们“替”好花样，描在枕顶上，按图刺绣。绣品题材广泛，有花鸟、人物、山水、鱼虫、瑞雪、诗词、戏曲等。针法多样，大致可分为如下几种：

纳纱又称“戳纱”“纳绣”，用白色线网作底，按经纬线有规律地用花线戳纳成图案，适于表现几何图案，装饰性强。

缎绣，在各色缎子上根据不同颜色选择花样配色，可使用套针、抢针、施针、乱针、长针等针法，表现力丰富，绚丽多姿。

编纱是一种少见的针法，在描好花样的白布上，用大码针法缝绣花和叶，其余为衬底，用编纱法处理——先拉大码的竖线，然后拉横线，横竖线按一定规律交织而编成各种几何形图案。

补绣，用布或绸缎剪成花样，钉、绣或贴在衬底上，两者色彩对比强烈，但又质朴大方。这种方法多用于绣制衣服、幔帐、围裙等，具有鲜明的民族特色。

包绣，用厚纸或其他材料剪成图形贴到衬布上，刺绣时用所需要的各色花线、各种针法将这些纸块包起来，使这些形象有凸起的美感，适合表现刺绣中的“点睛”之笔，如人物的脸、马身等，给人以新奇感、立体感。

推铁环

三、郭丽与紫玉木兰

1996年，郭丽成了一名教师，当大家都为她高兴时，她却举动惊人：辞职下海做布鞋！原来，那年，她的一位香港的亲戚想买一双手工布鞋，可是跑了好多商店，都没买到合适的，不是样式不美观，就是做工太粗糙。“一双布鞋这么难买？这不蕴藏着巨大商机吗？”郭丽创业有了动力。2000年，“紫玉木兰布鞋厂”成立。从租房子开始，她带领从农村老家招来的十几名妇女，开始生产布鞋。十几个人忙活了两个多月，做出了200多双布鞋，但做好的鞋外形不美观，鞋底也纳得不均匀，全部是残次品。首批产品无人问津，一算账，赔了2万元。

郭丽找到了症结所在：缺少技术人员和熟练工人。郭丽开始四处学习求教。她来到北京的内联升。内联升是中国老字号制作布鞋的厂家，郭丽在这里找到了改良鞋艺的出路。求教回来后，公司聘请了原长春市布鞋厂的技术员和大安市一名60多岁的布鞋老艺人，为员工细致讲解各项技术和注意事项，并指导制作流程。同时，到苏州、沈阳、广州等地，选购各种优质布料和绒线。新一轮布鞋开始生产，她与技术人员不放过每个细节。她们逐渐对布鞋生产有了底，越来越有底气。两个月后，300多双美观、大方、新颖的布鞋问世了，取名为“紫玉木兰”。

她推出300多种花色。鞋面精选中国传统的丝绸和其他面料，鞋底选用优质棉布，糨糊用东北玉米熬制而成。紫玉木兰布鞋采用民间传统手工制作工艺，千针万线纳结而成。此鞋，无化学制剂，轻巧舒适，养脚吸汗，透气防臭，穿着柔韧适中，纳制鞋底起到按摩作用，能促进足部血液循环，有显著的保健功效。手工刺绣，极富民间艺术特色。郭丽对每双鞋样都进行了潜心研究。她集合了代表中国文化的诸多元素，使实用性和艺术性相结合，许多鞋样已经成为外国人专购的艺术品。郭丽背着布鞋，穿梭于北京、天津、上海等各个博览会和交易会，她的布鞋也走进了美国、日本、德国、加拿大、埃及等国家。

“紫玉木兰”作为东北专门生产布鞋的厂家，产品已经销往十几个国家，一年销售额几千万元，年出口创汇几百万美元。同时，郭丽聘请了多位专家作顾问，研发有吉林特色的旅游产品：“千年古韵”系列，以“三寸金莲”为代表，成为一些外国人专购的艺术品；“深邃民间”系列，以流传百年的民间虎头鞋为龙头；“神秘长白”系列，以长白山民间传说为主，人参娃、猎人等流传于东北民间上千年的人物，被制作成了“卡通娃娃”；“迷人长白”系列，以十二景为对象，用刺绣手法制作了手绣画，把长白山特产人参、古松、虬龙木作为创作元素，

跳格

在绸缎上绣出了长白山风采。此外，她进一步在鞋上做文章，比如：君子兰绣花鞋，鞋上一朵盛开的君子兰格外夺目；袖珍鞋链系列，把绣花鞋做成仅一寸大小，用之做钥匙链、手机链；还有精美的鞋钱包、鞋花瓶等手工艺品。目前，“紫玉木兰”有三个少数民族销售基地。产品在深圳民博会上一亮相，就签下了10万元的订单。企业被授予国家少数民族产品生产基地、吉林省诚信企业、长春市优秀文化企业、国家文化出口重点企业、省级非物质文化遗产等多项殊荣。

四、李侠剪纸艺术

剪纸通常贴在窗户上，你可见过把剪纸刻在石头上？作为一种民间传统工艺，剪纸竟能和石雕艺术完美融合在一起，这不能不说是一个奇迹。当“东北三大怪”“长白山之神”“松花江之神”等具有东北地域特色的剪纸被凿刻在吉林省独有的长白山巨石之上时，这种艺术形式在全国堪称首创。这些被誉为“中国民间剪纸第一石”“中国剪纸连环画第一石”的原创作者就是吉林省首批工艺美术大师、吉林省非物质文化遗产“乌拉黄氏满族民俗剪纸”代表性传承人李侠。

吉林“乌拉黄氏满族民俗剪纸”的起源要追溯到光绪年间（1875—1908）。李侠出生在满族剪纸世家，她的姑太姥就是当地有名的剪纸艺人。之后，李侠的姥姥和母亲相继传承了手艺，姥姥是剪“嬷嬷人”高手，留传下“剪嬷嬷人口诀”和独特技艺，到李侠这里已是第四代传承人。

谈起萨满剪纸与普通剪纸相比有什么样的特点，李侠回答说：“萨满剪纸是属于记事剪纸，它过去是用树皮，还有苞米叶子，用那个大剪刀创作。”

李侠四五岁时便跟长辈们学女红，习剪纸，做贴画，在她幼小的心灵中埋下了艺术的种子。读小学时，李侠的一首儿歌在广播电台播出后，她的兴趣从剪刀转向了笔墨。从少年到青年时代，她撰写的大量散文、诗歌、小说发表在全国各地的报刊上，并获得了多项全国大奖。1979年，李侠考入吉林市邮电局，一干就是20多年，这期间她出版了十几部文学著作。

20世纪80年代初的一天，李侠去东团山采风。在扶余国前期王城的遗址上，看到许多原本不该失去的东西正在消失，心里感到失落和凄凉，便萌生了为后人写点东西的想法。回

打雪仗

家后，她把想法和父母一说，得到父母支持。父亲还说：“为什么不用剪纸的艺术形式来表现呢？剪纸艺术是老祖宗留下来的，到什么时候也不能丢啊。”这时，李侠才感到看似一张普普通通的剪纸，却蕴含着深厚的文化。打那起，不论恋爱、结婚、生子和工作有多忙，她都坚持进行剪纸创作，以剪纸的形式表现对人生的感悟，在抢救满族民间剪纸艺术的道路上执着前行。

心里有东西，手上才能剪出来。一有空闲时间，她就钻进图书馆查阅资料或拜访民俗专家，以天文地理、风土人情等知识充实自己。她在剪纸的配文中，经常引注历史资料，使得剪纸作品主题厚重，民俗味浓。每一幅剪纸，几乎都能讲出一个民间故事。在创作《萨满神谱百图》时，她查阅了大量的历史材料和论文，包括蒙古族、朝鲜族、赫哲族的民间故事，加上个人的理解设计图案。这幅长27米的《萨满神谱百图》在2009年吉林省文化遗产日主会场一经展出，就得到了专家们的认可，被誉为“萨满剪纸脸谱第一图”，后来在国际剪纸大赛上获得铜奖，并获吉林省首届工艺美术大赛金奖。

经过20多年酝酿，李侠制作完成了百米剪纸长卷《千年吉林百年船厂》，在2006年第一届中国文化遗产纪念日期间展出，立即在社会上引起强烈反响。作品以关东民俗文化为基础，以满族剪纸艺术为主要表现形式，概括了吉林从原始社会到现代五千年间的重大历史事件，突破了传统剪纸艺术在题材选择上的局限，被媒体评价为“中国第一部用剪纸讲述地方史的作品”，堪称“吉林市《清明上河图》”。

李侠的剪纸作品题材广泛，作为邮政人，她创作了许多关于邮政的剪纸作品，如《邮驿长歌》《集邮是世界的》等，制成了首日封、贺年卡，被用在电话卡、图书封面和内文插图上。

2007年11月13日，李侠剪纸作品《长白山神》在武汉喜获第二届国际剪纸艺术博览会金奖，并与剪纸作品《回娘家》，在同一展厅展出。《长白山神》以满族技法制作完成，具有满族粗犷豪放、简约大方等剪纸特点。这幅作品构图形式新颖，错落有序，主要由“萨满面谱”“东北三大怪”“东北三宝”“长白山四季”“东北大秧歌”等五个部分组成。整幅作品通用黑色剪纸，唯有“萨满面谱”色彩斑斓，格外抢眼。

多年前，她担任了吉林省工艺美术协会剪纸艺术委员会首任会长。2008年初，剪纸艺术委员会办起了吉林省剪纸行业第一家会刊——《吉林剪纸》，传播国内外；启动“满族剪纸传承工程”，把剪纸推向了超市、社区、学校；办起了吉林省第一个剪纸教学基地，给下岗工人、

摔泥泡

残疾人、学生办班讲课，培养了一大批民间剪纸人才，产生了积极的社会影响。

2008年，吉林市首批非物质文化遗产名录中，李侠家族剪纸《吉林乌拉满族民俗剪纸》榜上有名。此后，吉林省政府以“吉林乌拉黄氏满族民俗剪纸”为项目，将其列为吉林省非物质文化遗产。李侠本人也先后被授予吉林省工艺美术大师、吉林省优秀民间艺术家、吉林省非物质文化遗产传承人、中国十大剪纸艺术家等称号。

2009年4月，李侠捐出百余幅剪纸作品并自筹资金，在松花江长白岛建起了吉林市鸟文化剪纸陈列馆，利用剪纸向游客和市民宣传环保，唤起人们爱鸟、爱家乡的意识。仅一年多时间，就接待了几万人，受到了中国动物保护协会和吉林省、市林业部门及社会各界的好评。在抢救满族民间剪纸过程中，李侠深深体会到，要想把剪纸艺术推广并传承下去，光靠一两个人的力量是不行的，要靠全社会有识之士的加盟。

2013年，吉林省第一部《吉林民间传统手工艺》由吉林人民出版社出版，填补了吉林省民间传统手工艺史的空白，也是吉林省政府立项的“吉林省历史文化资源书系”唯一一部关于工艺美术和民间传统手工艺的著作。这本书时间定位为上古到民国时期，从欣赏类、实用类和祭祀类三个方面记述了吉林已经消失的或正在消失的手工艺。全书53万字，千余幅图，分为传统衣饰、传统绣染、传统画艺等9大类78项，在78项中又包含着若干小项。每一项都记载了其产生、发展的过程及在政治、军事、日常生活中的运用。此书文字部分由吉林省工艺美术大师、吉林省非物质文化遗产代表性传承人李侠和两届“吉林省长白山文艺奖”获得者、非物质文化遗产传承人董咏啸撰写、审校。该书收集资料用时30多年，撰写用时10年，申报、答辩、结项用时4年，终成正果。

在李侠家中，悬挂着一幅《百龙图》。这幅作品长约20米，画面由100条形态各异的小龙组成：跃起的，降落的；翻腾的，行走的；带翅膀的，长犄角的……活灵活现，让人目不暇接。李侠说，做此作品用了一年，一是祝咱们祖国事业腾飞，二是祝大家日子蒸蒸日上。从那时起，李侠许下了一个心愿：每年做一幅生肖图，共做十二套。对于满族剪纸的传承与创新，李侠目标明确：“分两条路，一是满汉结合，大众都能接受。二是纯粹的萨满剪纸艺术，比如这类比较粗犷的我们还在保留，目的就是让它传承下去，一定不能让它失传。”

藏猫

五、关云德剪纸艺术

从妙趣横生的《东北民俗三大怪》到造型别致的《萨满神像图》，如不是亲眼所见，谁也不会将眼前这些精美的剪纸和一双粗糙的大手联系起来。而这些剪纸正是出自一位庄稼汉之手。他，就是吉林省长春市九台区的农民关云德。

那是一双粗糙、生满老茧的大手，右手中指，因为在山里干活时的一次意外，被截掉了一节。当关云德伸出双手给现场的人观看的时候，谁能想象这样一双粗糙生茧的手，能剪出富有文化韵味的精美剪纸。当年受伤时，关云德以为再也不能剪纸了，伤心得不行。后来，他发现受的伤一点儿没有妨碍他的挚爱，他对自己的双手充满了骄傲。一张张普通的纸，在他手中似乎有了灵气，化身成一个个满族原始宗教中的神像，讲述着一段段满族传说。作为地道的满族人，关云德一直保留着满族传统习俗。他说，在过去，剪纸是满族人祈福驱邪的巫术。随着时代的进步，剪纸的巫术功能逐渐弱化，剪纸变成了工艺品，会剪纸的满族人也越来越少，从小酷爱剪纸的关云德却坚持了下来。“我是利用农闲时候搞剪纸，农忙时候种50亩水田地。”

如今，关云德的满族剪纸受到广泛认可，他获得了“中国民间文化杰出传承人”称号，作品也频频获奖，如2013年他的剪纸获得了中国民间艺术最高奖“山花奖”的民间工艺美术作品奖。

1995年，9位外国学者到关云德的家乡考察，想把他的剪纸作为纪念品带回去。当时关云德刚从地里回来，裤子坏了，露着膝盖，衣服上还有泥。关云德连衣服也没来得及换，就骑着车去了外国学者所在的地方。9位外国学者看到关云德带过去的剪纸，听完翻译的介绍，他们无法相信那些剪纸是一个大老爷们剪出来的，表情之间充满了无比的惊奇，不约而同地用生硬的中文说，中国农民了不起。外国学者惊讶地举着关云德的两只手，拿着精巧的剪纸，合了影。

关云德的家，堆满了很多满族剪纸的资料，像一个小型的剪纸博物馆，又像一个小型的农村图书馆。多年来，他将干农活收入的大部分钱款，都用在满族文化和剪纸的研究上。关云德说：“我热爱满族文化，我一生都有这样一个追求。沈阳、哈尔滨、北京的民族出版社，我都联系过。一有我喜欢的书，他们就给邮过来。”为了心中的理想，关云德拼命地插秧劳作，才能赚些钱用来剪纸。到北京参加杰出传承人命名仪式之前，他还在家里赶着插秧。

堆雪人

他知道自己只有把秧插完了，才能去北京。结果北京还没去，关云德就累病了，整整挂了4天吊瓶。

中央电视台请他做客《艺术人生》，他执拗地表示，必须回家插完秧才能上节目。于是，他回去了，真的回去了，录节目的前一天，才行色匆匆地赶回来。

乡村里的人，对剪纸一直是喜欢的，现在却没有人学了。关云德出于对民族文化的本能热爱，就想用剪纸传播日渐被很多人忽视的民族文化。关云德的技艺是家传的，他的儿子、孙子现在都会。“因为家里有这个氛围，自然而然就会了。全国剪纸展览，年年都参加。儿子、孙子都获过奖。”提起自己的家庭，关云德是一脸的自豪。关云德靠自己“拉车”，一点一点给孩子们盖上了新房。儿子们都已经娶了媳妇。“农村有这么一个习惯，养个儿子就得给说媳妇，说不到媳妇，就会埋怨你，说你老没正事。我算是完成任务了。”说到这里，关云德流露出幸福的表情。“我是农民，有什么办法。”但是，他又说：“就是做农民，也要当有知识的农民，有技艺的农民。吃穿不愁了，我就可以敞开心搞我的创作。”因为对这片土地深沉的爱，因为对民族文化的眷恋，关云德不愿意离开，也从未离开过，因为在关云德的意识中，最大的心愿就是能用剪纸记录整个满族的历史。

六、李宝凤剪纸艺术

李宝凤原是长春市一名乡村教师，谁也不会想到，若干年后，她会成为“中华第一剪”。李宝凤出生在一个农民家庭，6岁时就对画画和剪纸产生了浓厚的兴趣。她找来铅笔、粉笔往玻璃柜、窗户上画。“小时候也没有别的游戏，家家户户的小孩都会画画和剪纸。”李宝凤说。初中毕业后，由于家境贫穷，李宝凤不能继续上学了。当时，县里要成立第一职业高中，为中小学培养音、体、美教师，她有幸成为那里的旁听生。

两年后，她被破格录取为小学社办教师，那年，她21岁。李宝凤回忆说，给孩子们上第二节美术课时，她发现孩子们买不起蜡笔。没有颜色的美术课怎么上呢？最后，她决定教孩子们剪纸。

1997年，李宝凤创作的长3米、高1.8米，立体展示55位人物形象的大型剪纸作品《大观园》在北京展出，引起轰动。随后，她的剪纸越做越大，她也有名了，被誉为“中华第一剪”。

弹溜溜

“宝凤剪纸”，不是传统意义上的单色单层剪纸，它可以让一张张极普通的纸，一下子变成关东朗朗的天空、绒绒的雪坡、挺挺的树群、暖暖的鸟窝，剪出的是国画、油画、版画甚至是摄影的效果。“剪纸原本就包含了剪和刻两种手法，”李宝凤说，“一幅完整的单层剪纸作品，强调‘千剪不断’，每一部分都应当连在一起，否则就成了剪贴画。”

“宝凤剪纸”的套色、染色作品，都是独立的剪刻作品一层层地贴上去而最后完成的，层数最多时可达五六十层，因而才会呈现出不同画法的效果，具有很强的立体感，令人耳目一新。粗犷、豪放、浑厚、古朴，题材种类繁多，手法多样，采用剪子铰、香头烧、灯烟熏、刀刻、手撕、套色、补色、贴色等方法，把传统的剪法与现代刀刻法相结合，既有观赏价值又有收藏价值。这就是李宝凤的剪纸艺术。

七、东丰农民画

吉林辽源东丰县与上海金山区、陕西西安鄠邑区并称为我国“三大农民画之乡”。东丰一带的农民喜好画画，冬天地里干不了活，便找来五颜六色的纸，画些花草或小动物。

最初是几个人悄悄地画，后来大家见有趣便跟着学。如今，东丰农民画日臻成熟，先后涌现出了1200多位业余作者。

东丰农民画饱蘸着浓郁的北国风情，色彩鲜艳夺目，装饰性极强。它不似学院派的作品那样讲究技法，而重在表现生活的真实。像《责任田》《村头舞会》《东北大秧歌》《驯兽》等作品，光看标题你就可以想到作品所表现的内容。作者往往用质朴的笔触，将生活的场景生动地表现了出来。正如美学家王朝闻所言：“这些农民画虽土气十足，却有相当的艺术魅力。”早年，东丰农民画纯属消遣之作，后来名声越来越大，1996年在中国美术馆举办了画展。从那时起，农民们尝试着把作品打入市场。如今，东丰县有30多位农民画专职绘制者，每年有2万余件作品外销至美国、日本、韩国等地，效益好一些的每户仅此一项的年收入就达几万元。这一队伍还在不断壮大，绘画业成了东丰县别具一格的新兴产业。

早在200多年前，生活在东丰县的人们就对民间美术产生了浓厚的兴趣，如年画、彩棚绘画、毛草纸画、剪纸、窗花等，以及后来发展的民间版画、墙报画、壁画等。到了20世纪70年代初，东丰县南屯基镇红椰头村的农民，在李俊杰、张玉艳等人的带动下，几十位农民自

踢毽子

动拿起画笔，开创了东丰农民画的新纪元，闯出一条“以民族传统为根基，以关东民俗为养分，以自身生活为源泉”的创作之路。随着创作群体的不断扩大，他们立足家乡沃土，传承民间绘画，巧借他山之石，创作出一幅幅鲜活的农民画作品，这些作品形象质朴、色彩明快、结构新颖饱满，洋溢着浓郁的北国民俗风情，粗犷豪放，凝重和谐。改革开放以来，东丰农民画日渐繁荣，反映现代鹿乡农民生产、生活，特别是新农村建设的大量作品不断涌现。

1983年，张玉艳创作的《幸福的晚年》在全国首届农民画大展赛中获一等奖。2005年，在中国农民书画暨“千兆杯”大展赛中，刘丹创作的《鹿乡春秋》获一等奖。2006年，在农业部举办的中国第二届农民书画大展赛中，吕延春创作的《农家新貌》和刘丹创作的《农民画培训班》分获一等奖。截至本书完稿前，东丰县农民画已有121幅作品被国家级美术馆收藏（其中有24件作品被炎黄美术馆收藏）；有4件作品被北京同仁堂博物馆收藏；400余件作品被联合国和世界知名美术馆收藏；1114幅作品先后被选送到联合国和日本、韩国、加拿大、德国、阿根廷等国家和国际组织展出；6000余件作品被国内外专家、学者和友人收藏；145幅作品在国家各类展出中分别获得一、二、三等奖，284幅作品受到国家级、省级表彰和奖励；有40多幅作品被全国美术教育教材选用。

东丰县农民画的绘画技艺和风格曾被吉林省文化厅誉为东丰“三绝”之一，1988年，吉林省东丰县与上海金山县（今上海金山区）、陕西省户县（今西安市鄠邑区），同时被国家文化部命名为“中国现代民间绘画之乡”。1996年4月30日，东丰农民画首次进京在中国美术馆举办展览，全国人大常委会原副委员长王光英亲笔为东丰农民画题词“关东情”。2008年，东丰县又被文化部命名为“中国民间文化艺术之乡”。2000年，由吉林美术出版社出版的大型东丰农民画册《关东情》，在国内公开发行，首印5000册，很快销售一空，受到国内收藏爱好者的追捧。

中国人民政治协商会议第十一届全国委员会第二次会议召开期间，100幅东丰农民画首次作为吉林省的馈赠礼品，被赠送到全国各界政协委员手中。蕴含浓厚文化底蕴的东丰农民画，受到委员们的充分肯定，得到普遍赞誉，成为闪耀的“礼品小明星”，极具收藏价值。为庆祝建党88周年、新中国成立60周年，由辽源市委宣传部、市文化新闻出版局、东丰县委县政府联合举办了“东丰农民画展”。此次展出的200多幅东丰农民画内容丰富，形式新颖，风格多样，紧跟时代，反映了农村新的发展变化。许多作品亮点纷呈，贴近农民生活，

抓瞎

歌颂党的政策，具有时代气息，紧跟农村变化，充分展示了东丰农民画的创作成果，也预示着东丰农民画有更加美好的发展前景。

八、王凤琴布贴画艺术

中国传统民间艺术布贴画，起源于唐，又叫布堆画、布贴花、布摞花，还叫拨花。它以布为原料，用袋装染料高温染制而成或直接利用布的色彩、花纹、质感剪贴而成。吉林王氏布贴画是吉林市第一批进入吉林省非物质文化遗产名录者之一。其传承人王凤琴，通过多年潜心研究，在继承民间传统布贴画工艺的基础上，勇于探索、积极创新。她的作品既保持了原始布料的质感和色调的真实，又融合了现代中国画艺术，格调高雅，意蕴深远，别具一格。

王凤琴从小便跟着姥姥学习制作布贴画。“那时候刚上小学，大约七八岁的光景。学校美术课上，老师让用蜡笔在纸上作画，完成之后我高兴地拿回家给姥姥看，姥姥说用布贴的画效果会更好，我便缠着姥姥要学布贴画。但那时候布料很紧张，姥姥开始不愿教我，在我多次央求下，她才传授给我布贴画的制作技巧。”王凤琴回忆着家族布贴画的传承经历，高兴地说着。时光荏苒，后来，由于工作忙碌，王凤琴只能忙里偷闲制作一些布贴画，每制作一幅，她都会细心地保存起来。20世纪90年代初，王凤琴下岗了，生活的压力骤然增大，但她并没有被压垮。“当生活为你关上一扇门的时候，保证会为你打开一扇窗。虽然下岗了，但是我有了大量的时间来研究、制作家族传承的布贴画艺术，为此我还专门学习了工笔人物画。”王凤琴笑着说。

王凤琴制作的布贴画主要有五个特点：一是借鉴关东桦皮贴、鱼皮贴、兽皮贴和满族的补绣艺术，在此基础上提高、凝练、创新，形成以布料为主的多民族艺术技法；二是在其作品中，突显了中国工笔画的艺术特点，用布贴方法作画，形成了“布贴工笔画”的特色；三是画面平整，没有任何折痕；四是利用布面本身花纹、色差、质地等，巧妙拼贴，纹饰逼真，线条流畅，又不失工笔画的韵致；五是作品富有地域性、民族性和民俗性。如《满族大秧歌》《小皇帝》等作品便是这一题材的代表。

2002年，王凤琴创作的布贴画作品《四大美女》入选“吉林—香港友谊周”活动，并参加上海国际艺术节、海峡两岸翰墨书画展览会。2003年，参加深圳“中国实力派艺术家名人名

挤香油

作展”，荣获金奖。2004年10月，参加第三届中国国际民博会暨第二届中华（天津）民间艺术精品博览会，获金奖。在布贴画的道路上，王凤琴凭借着执着与热爱闯出了自己的一片天。

第二节　民间音乐、舞蹈与戏曲

一、鼓吹乐

鼓吹乐在我国源远流长。蔡邕《礼乐志》说其为“黄帝命岐伯所作”，在史籍和各种文学作品中均有记载。古代鼓乐不仅应用于祭祀、娱乐，还应用于军事。1955年，在辽阳出土的汉墓壁画中发现了鼓吹乐的演奏图。

从《辽史》《金史》关于鼓吹乐的记载，可进一步看到东北鼓吹乐的发展情况。鼓吹乐是我国民间艺术的瑰宝，在许多重要民俗活动中，多有鼓乐演奏。鼓吹乐除用于民间戏曲和节庆秧歌外，多用于婚丧嫁娶（红、白喜事）及其他民俗活动。鼓吹乐在一定程度上可以说是我国特有的一种民俗乐。

吉林鼓吹乐以辽源、四平、伊通、梨树、东丰、双辽、长春等地为主要流传地域。它融吹奏、敲击为一体，曲牌丰富多彩，历史悠久，是民俗活动中不可缺少的组成部分。

演奏者有职业性的“鼓乐班”“鼓乐房”或“鼓乐棚”成员，也有半职业的人员。半职业的演奏者无人雇用时从事劳动生产，有人雇用时便集结成班。演奏除用于喜庆佳宴、祭祀、迎送礼宾外，主要服务于民间婚丧仪式。

鼓吹乐分“坐棚”和“行乐”两种形式。“坐棚”也称“坐堂”，在办“红事”或“白事”的人家门口所搭的席棚中演奏。鼓吹乐演奏者通常6人为一班。普通人家一般雇一班鼓乐队演奏，富裕的人家也有雇两班或三班鼓乐队的。

喜事中，管乐器用中、小唢呐，管（单管、双管），大号，笙；打击乐器用堂鼓、小钹、细乐（铛子）。

跳木马

丧事中，管乐器只用大唢呐、大号；打击乐器用堂鼓、小钹、细乐铜鼓（锣）。

“行乐”亦称“走吹”“走路”，是在行进时吹奏的一种鼓吹乐形式，一般只用唢呐、大号和小钹。

鼓吹乐乐曲一般分为两大类：唢呐曲和笙管曲，它们各自有不同的特点。

唢呐曲可分为汉吹曲、大牌子曲、杂曲（包括水曲和小牌子曲）三大类。汉吹曲主要流传的曲目有《正汉吹引子》《钟鼓令》《将军令》《大骂玉郎》《白云歌》《五音歌》《鸿雁落沙滩》。大牌子曲主要流传的曲目有《正四来》《雁儿落》《一枝花》《一条龙》《哪吒令》《普天乐》《大石榴花》《上下楼》等。杂曲多为民间流传的器乐曲牌，如《正八条龙》《花池》《金连锁》《万年欢》《桂香枝》《画眉序》《四朝元》《器皇天》《小开门》《小十八拍》《梢头》《龙尾》等。

笙管曲以管子为主奏乐器，主要有堂曲和牌子曲两大类。堂曲多用于坐棚演奏，牌子曲多用于行乐演奏。曲目为《醉太平》《堂陀令》《赞》《鸳鸯拍》《大佛升殿》《大千佛手》《八仙庆寿》《庆神欢》《金钱落地》《桥头令》《鬼扯腿》《江河水》等。

东北著名的民间艺人有孙继武、崔广林、张汉臣、刘玉山、吕坤、侯兴国、刘庆祥、臧万甲等。

东北人重视婚丧仪式，每办红白喜事必备鼓乐队，尤其婚礼上鼓乐师是不可不请的。昔时，此地民俗只有娶寡妇才不动“响器”，凡是明媒正娶的，无论生活怎么拮据，都要请鼓乐师。当然也有极个别请不起的，妻子会终身抱怨说：“我结婚，赶上娶寡妇了！”

据吉林省鼓乐大师崔广林讲，办红事（婚礼过程）一般有13项鼓乐仪式。办红事多数要办三天；少的办一天，叫“一娶”；多的办四天，叫“大娶”。

办三天的日程是：第一天，“落（lào）水桌”。落水桌是指办喜事的准备工作，包括搭席棚、杀猪、租赁家什。鼓乐班根据雇主送来的“佳单”（定日子）下午或晚上到鼓乐棚演奏三遍，名曰“响棚”。第二天，祭祖拜坟、亮轿拜庄（鼓乐班陪伴喜车围屯子吹奏一圈——满族没有拜坟、拜庄习俗）。吃完午饭要“响家什”，吹奏一下午。新娘家路远，婆家要派人把新娘及娘家客接到较近处“打下处”。接新亲也要奏乐。第三天，迎娶、拜堂。穿嫁衣、拜花堂、入洞房、翻箱、拜席、报菜名、送新亲，都要吹奏，演奏的曲目大体包括《正工尺上》《正大姑娘美》《正寄腔》《正四鼓抱龙台》《正万年花》《正靠面锣》《正老韵》等。

撞拐

办白事（丧葬），办一天叫“一道”，办三天叫“两头尖”，办四天称“四方头”或“排四”，办五天为“三昼夜”，又称“出殡”。还有办“期”的，人死后七天为一期，有一期、三期、五期、七期不等。

办三天的居多，其间与鼓乐有关的习俗包括响棚、报庙（送浆水）、烧纸、入殓、上供菜、上香、开吊（祭灵）、送褡裢、送行、接三、送盘缠、辞灵、哭二八场、坐夜、出灵、下葬。多要演奏《工尺上》《八条龙》《柳青娘》《放鸭》《小开六》《汤头令》《反调小开门》《哭十八场》《拉天鹅》《柳河吟》《哭长城》等。

在吉林，鼓吹乐在民俗活动中的应用还体现在很多方面。李来璋在《东北鼓吹乐研究》中，把这方面的有关民俗归结为红事（婚娶，也包括拜寿、买卖开张）、白事（丧葬）、蓝事（为死者烧周年）、黄事（寺庙神像开光、庙会、烧香及求雨等）、黑事（撒路灯、放河灯等）。在这些民俗活动中，都有鼓吹乐艺术活动。

二、鼓乐班与咔戏

鼓吹乐艺人是靠自己的精湛技艺，靠自己的“绝活”立足于社会的。艺人很讲究门户，讲究师承。鼓吹乐艺人都供奉祖师爷：有人供奉春秋时期晋国盲乐师师旷，也有人供奉青云童子。

鼓吹乐的学习，多是家传或拜师学艺。鼓吹乐艺人学艺时，通常随师托身于一鼓吹艺人的职业团体，这一团体多叫鼓乐班，或称鼓乐房、鼓乐棚。出师后，如果班主同意，就成为鼓乐班成员。在班内，艺人按人头劈份子分红。自己有家什（鼓乐）还可分“家什股”。

鼓乐班间竞争得很厉害。因为技艺高、名气大的鼓乐班，其影响大，雇主多，收入多，所以一有机会每个鼓乐班都会想压倒别的鼓乐班，这就是旧时所说的“同行是冤家”。有钱的雇主，为显示自家的派头，多把红白喜事办得特别红火（丧葬办得豪华者，可以名之曰“出礼殡”）。

办红白喜事的人家一般雇用一伙鼓乐艺人，在大门右侧搭个小席棚，讲究的人家埋杆子搭起离地两三尺的席棚，供鼓乐艺人演出时使用，闲人不准登台。

如果雇用了两伙以上的鼓乐艺人，由他们相互协商演出顺序，轮番吹奏。这是一种面对

吹杏核

群众的公开竞赛，失败了就会有损于名声和生意，双方都要拿出“绝活”来。这种演出的高峰就是演奏“咔戏”。

咔戏是用小嗓和唢呐、咔碗、口琴子相结合，模仿戏曲唱腔演出顺序，演奏为群众所熟悉的京剧、评剧、皮影、梆子、二人转、东北大鼓等唱腔或选段。咔戏虽无人物登场，但爱好咔腔、熟知戏文的，从模拟的声音中就能辨出是哪种唱腔。

咔戏分文咔、武咔两种。文咔是用唢呐和咔碗来咔；武咔也叫“带武活儿的”，是用小唢呐、口琴子、咔碗倒换着吹奏曲调。唢呐演奏家崔广林，为增强咔戏的观赏性和曲调的魅力，能再增加一个咔碗，用口琴子、小唢呐、两个咔碗演奏，俗称捣四件，即带武活的。吉林省为鼓吹乐各派汇聚竞争之地，曲目繁多。

打击乐源远流长。在远古已有“霾两轮兮絷四马，援玉枹兮击鸣鼓”[②]的记载。在北方少数民族中，流传久远的《北方巫者降神歌》，开头两句是：“天深洞房月漆黑，巫女击鼓唱歌发。”[③]神歌清楚地记述了“鼓”是巫女的神器。满族说唱作品《尼山萨满》、蒙古族故事《萨满与喇嘛的斗争》，都有萨满骑鼓飞天的描述。这表明，北方远古的祭祀舞蹈和游乐舞蹈，无疑也是用鼓等打击乐器，形成舞的节奏，来协调动作的。由此可以说，打击乐器是早于其他伴奏乐器产生的。

吉林打击乐器除大锣、小锣（又称“手锣”“小歹歹”）、钹、梆子、木鱼、竹板（又称“呱达板”，常与“碎嘴子”共用）、撒拉金、碰钟、犁铧片（也称“梨花片”“梨花板”）外，还有八角鼓。

八角鼓是汉、满等民族的民间打击乐器，流行于东北及北京等地。因鼓身为八角形而得名。鼓框为木制，宽约17厘米。单面，蒙以蟒皮。鼓的七边的木框上各开一梅花孔，每孔间用一铜柱穿有三个很小的钹形铜片。

“其八角即暗示八旗之意”[④]，“明嘉靖、隆庆间有刘雄者在北京击八角鼓，擅绝一时”[⑤]。演奏时，鼓手左手执鼓，使鼓面竖立，右手用手指弹击鼓皮或搓鼓面，还可摇动鼓身，使鼓发出有节奏的声音。以八角鼓伴奏的民间说唱曲目有《太平年》《云苏调》《怯快书》等。清乾隆年间（1736—1795），此种表演形式在八旗军队中盛行，后流传民间。

吉林省扶余市自1961年以来，以八角鼓曲牌为基调创造了新剧种——新城戏。该剧种创始人之一的徐达音对八角鼓做过大量考证，并著有《八角鼓源流考》。1984年，国家文化部

照家雀

正式认定新城戏为少数民族戏曲剧种。

三、民间舞蹈

（一）满族舞蹈

满族是一个能歌善舞的民族，又是一个骁勇善战的民族，长期亦农亦牧的生活及东北特有的自然环境共同造就了其独特的民族文化，塑造了其坚强的民族性格，也孕育了其端庄优雅且强悍豪放的舞风舞韵。满族歌舞形式主要有莽势舞、庆隆舞、秧歌舞、太平鼓舞、笊篱姑姑舞、萨满舞等。

1. 莽势舞

满族与他们的先世勿吉、靺鞨、女真等族一样，每逢喜庆宴会必歌舞助兴，满族宴乐主要流行“空齐”舞。《柳边纪略》载：“满洲有大宴会，主家男女必更迭起舞，大率举一袖于额，反一袖于背，盘旋作势，曰‘莽势’。中一人歌，众皆以‘空齐’二字和之，谓之曰‘空齐’，犹汉人之歌舞，盖以此为寿也。”莽势舞，又称莽式舞、空齐舞，可分为男女二式，男式莽势舞多为骑射、战斗之姿，而女式莽势舞则婉娈柔媚。莽势舞除了用于祝寿、庆贺节日外，还可在祭祀中用以享神，但在太庙祭祖时则只用男莽式。《宁古塔纪略》载：“满洲人家歌舞，名曰‘莽式’。有男莽式、女莽式，两人相对而舞，旁人拍手而歌，每行于新岁或喜庆之时，上于太庙中用男莽式礼。”莽势舞舞姿刚健、优美，有“九折十八式”之多，所谓的“九折”即九个舞蹈动作：起式，手上下摆动，举一袖于额，反一袖于背，腰不动，走方步；摆水，打鱼之姿；穿针，织网之势；吉祥，欢庆的姿势；单奔马，打猎之姿；双奔马，出征之势；怪蟒出洞，如蠕动的游龙；大小盘龙，游龙戏水之姿；最后是大圆场。“十八式”则是十八种舞蹈动作，其中手、脚、腰、转、飞各三式，肩二式，走一式。莽势舞源于满族先民的射猎生活，满族民众以此来表达其生产、生活以及收获时的喜悦心情。但经过满族统治者的不断“雅驯”，逐渐形成了宫廷莽势舞，并常用于隆重的庆典演出。《佳梦轩杂著》载：“蟒式舞，即吗克什密，译言喜起舞，每朝会大典辄行之，俱以满、蒙及宗室大臣侍卫充当，无论品级，俱带元狐冠，红

摔跤

宝石冠顶，服貂厢朝衣，佩嵌宝腰刀，典至重而隆也。又有演唱一人，以八旗章京及护军充当，戴玄豹冠。服玄豹褂，随舞而歌。其词系翻清语，汉文曰‘于铄皇清，受命于天，光延鸿祚，亿万斯年。天开令节，瑞启阶蓂，共球万国，圣寿千龄。粤自我先，肇基俄朵……’”宫廷莽势舞主要由王公大臣们表演，当皇帝兴致所致时，也会乘兴起舞，康熙四十九年（1700）康熙皇帝谕礼部：“蟒式舞者，乃满洲筵宴大礼，至隆重欢庆之盛典，向来皆诸王大臣行之。今岁皇太后七旬大庆，朕亦五十有七，欲亲舞称觞。”[⑥]太后寿日，康熙皇帝亲自起舞为皇太后祝寿。

2. 庆隆舞

满族入关之后，由于生活环境、生产方式的变化，加之渐染华风，其传统的舞蹈发生了变化，莽势舞也逐渐发生了变化，演变成了宫廷舞蹈——庆隆舞。此舞包括武舞“扬烈舞”和文舞“喜起舞”两种，皆用于吉庆宴飨。《清史稿·乐志八》载：“蟒式舞，亦曰‘玛克式舞’。乾隆八年（1743），更名‘庆隆舞’，内分大、小马护为扬烈舞，是为武舞，大臣起舞上寿为喜起舞，是为文舞。……扬烈舞，用戴面具三十二人，衣黄画布者半，衣黑羊皮者半。跳跃倒掷，象异兽。骑禺马者八人，介胄弓矢，分两翼上，北面一叩，兴。周旋驰逐，象八旗。一兽受矢，群兽慑伏，象武成。喜起舞，大臣二十二人，朝服仪刀入，三叩，兴，退东位西乡立。以两而进，舞毕三叩，退。次队继进如前仪。”《啸亭杂录·喜起庆隆二舞》亦曰：“国家肇兴东土，旧俗所沿，有喜起、庆隆二舞。凡大燕享，选侍卫之狷捷者十人，咸一品朝服，舞于庭除，歌者豹皮褂、貂帽，用国语奏歌，皆敷陈国家忧勤开创之事。乐工吹箫击鼓以和，舞者应节和拍，颇有古人起舞之意，谓之‘喜起舞’。又于庭外丹陛间，作虎豹异兽形，扮八大人骑禺马作逐射状，颇沿古人傩礼之意，谓之‘庆隆舞’。列圣追慕祖德，至今除夕、上元筵宴皆沿用之，以见当时草昧缔构之艰难也。”但庆隆舞并非所谓的“沿古人傩礼之意”，而是表现了八旗兵大规模围猎的场面。演员中，“戴面具三十二人”象征群兽，“八大人”象征八旗，“介胄弓矢，分两翼上”则象征合围。入关日久的满族，为了保持骑射旧俗，八旗兵甲每年都要在皇帝亲自指挥下进行大规模的集体围猎，其目的不是为了猎获禽兽，而是为了扬威，因此满族统治者才将表现围猎情景的舞蹈命名为“扬烈舞”。民国时期，扬烈舞已鲜有人跳了。

关于满族的歌曲，我们目前仅有见于文献的零星记载：“满洲曲，类古乐府。如云‘阿穆巴摩萨齐斐图门阿尼牙德伊集密’，译言‘既伐大木烧亿万春也’。‘阿穆巴博商阿斐阿卜开

看牌

克什德班集密’，译言‘巨室成荷天恩也’。长篇短句，意类皆是，然多拍手以歌，不似蒙古以火木思。”⑦

3. 秧歌舞

秧歌是深为满族人民所喜爱的集体歌舞，主要用于元旦、上元等节日的演出。清杨宾《柳边纪略》载：“上元夜，好事者辄扮秧歌。秧歌者，以童子扮三四妇女，又三四人扮参军，各持尺许两圆木，戛击相对舞，而扮一持伞镫卖膏药者前导，傍以锣鼓和之，舞毕乃歌，歌毕更舞，达旦乃已。”满族秧歌虽与汉族秧歌有相互借鉴之处，但满族秧歌仍有鲜明的民族特点，杨宾《上元曲》谓：“夜半村姑着绮罗，嘈嘈社鼓唱秧歌。汉家装束边关少，儿队童儿簇拥过。”事实上，满族秧歌不仅服饰与“汉家装束”不同，其阵法与舞姿也与汉族秧歌有明显的区别，这种不同从当代黑龙江宁安和辽宁新宾的秧歌演出中可窥见一斑。宁安和新宾是满族的世居之处，即清代的宁古塔和赫图阿拉。这两地秧歌表演时，表演者仍着旗装，佩旗标（旗标按八旗的颜色相区别），领队者头戴红缨帽，身穿黄马褂、红战袍，手持马尾蝇帚，斜挎腰刀。秧歌队走场时以走大场为主，名曰“走阵”，走阵的阵形有天门八卦阵、地门八卦阵、葫芦阵、六合阵等几十种。满族秧歌的舞姿，多是大开大合大扭摆，其许多姿势都是模拟征战和狩猎的动作，如丁字步、蹶子步、大跨步、拉蹲步等，都是狩猎和战争场面的再现，其动作奔放，舞姿优美，反映了满族民众古朴、粗犷、豪放的民族性格，再现了满族民众的尚武传统。

4. 太平鼓舞

太平鼓舞是清代流行于北京、东北等地的一种民间歌舞，是历史上汉八旗“烧太平香”（跳单鼓）的延续和遗留。太平鼓的舞具为鼓，唱词的曲调为《太平年》，故称“太平鼓”；又因其多是在新年前后演唱，所以俗称“迎年鼓”或“年鼓”；也有按制鼓的材质之不同，而名为“羊皮鼓”（蒙羊皮者）、“驴皮鼓”（蒙驴皮者）或“纸鼓”（蒙高丽纸者）；又因此鼓皆为单面，故俗称“单鼓”。太平鼓用铁条做框架，大者直径三尺余，小者直径一尺半，其形或如团扇，或如蒲扇。鼓面蒙以驴皮、羊皮或高丽纸。鼓柄为长柄，以木、铁、铜等制成，柄端缀铁环十余个或挂九连环，摇动时可发出悦耳的响声。每到冬闲或年节时，表演者左手持鼓，右手持鼓鞭（细竹枝或小藤条），边击，边摇，边唱，边舞。鼓声、环声与歌节、舞姿相应和。太

打水漂

平鼓的曲调深受萨满神曲的影响，唱词则有“内路鼓”“外路鼓”之分，前者为必唱之词，后者为可以酌情增减的辅助之词，可即兴自编，内容多为民间传说或神话故事。

5. 笊篱姑姑舞

笊篱姑姑舞，是主要流行于满族青少年之中的民间歌舞。相传笊篱姑姑是一位美丽勤劳的浣衣女，因救过清太祖努尔哈赤而成了仙姑，可以预知年景丰歉。满族青年男女每每在元宵节时请“笊篱姑姑”，以歌舞的形式表达对她的崇敬与纪念。是日，满族青年将柳条编成的笊篱，用纸包好，在纸上画上少女脸谱，涂上胭脂，系好彩绸，就是所谓的“笊篱姑姑”。在制作笊篱姑姑的同时，找来一个十二三岁的小姑娘，将其打扮得花枝招展，然后用红巾蒙头，用高粱酒喷洒小女孩的头，让小女孩用双手擎着笊篱姑姑，这时人们就围绕小女孩边跳边唱《请笊篱姑姑歌》：笊篱姑姑本姓白，戴朵花，背捆柴，扭扭达达下山来。你也拍，我也拍，拍着手儿跳起来。一会儿手擎“笊篱姑姑”的小女孩也跟着众人跳起来，于是人们都兴奋地喊道：“姑姑来了！姑姑来了！”人们便随着“笊篱姑姑”边舞边唱。唱词多是表达对笊篱姑姑的赞美及热情招待：“笊篱姑姑下山来，十五、十六看灯来，梳的什么头？梳的四散头，头上抹的桂花油，龙凤簪，左右插，珠花、翠花、金银花。笊篱姑姑下山来，十五、十六看灯来，下水碗，往上揣，白片猪肉一大盘，米儿酒，五花糕，稷子米饭黏豆包。”这时也有人向“笊篱姑姑”卜年景、问吉祥，欢唱群舞的场面，洋溢着浓郁的满族特色。

6. 萨满舞

萨满舞是满族烧香和萨满祭祀中的一种独特的舞蹈文化。

吉林九台小韩屯乡的满族石克特力氏（石姓）的家祭程序是：先跳家神，后放大神。跳家神主要是祭祀、还愿、祈求太平，放大神是祭自然神、祖先神。跳家神和放大神虽然祭祀的神祇各自不同，表现形式也不尽相同，但目的都是为了祭祀、还愿和祈求太平。所以跳神可分为“烧太平香”“烧还愿香”和“烧官香”三种，我们所见到的石氏家族的烧香跳神，即属烧太平香。

跳家神时，由二位栽力（即家萨满，不戴神帽，睁眼睛）穿神衣，系腰铃，手执抓鼓（类如单鼓，但稍大，无鼓柄，用手抓住鼓背后的十字横梁，用另一只手执鼓鞭敲打）面对家神案，唱震米神歌，边歌边舞。

掏鸟蛋

跳家神所祭祀的神，首神为家神案上所绘的长白山神祖、满族人崇武的象征——辍哈占爷。除此之外还有其他的本族先祖，如佛朵妈妈、奥杜妈妈等。以上这些大多是一种祖先崇拜，其中唯有祭佛朵妈妈（祭柳）可看作是一种原始的图腾遗存。柳树、柳枝被认为与满族氏祖繁衍有着密切关系，象征满族子孙应像大地上的柳叶那么繁茂。祭柳，实则是祈福求子，以期氏族人丁兴旺。

在石姓中，亦称佛朵妈妈为本姓始母。在跳家神的整个过程中，萨满面向神案，全神贯注，表现出一片虔诚。萨满所跳的舞蹈较之放大神，动作幅度要小得多，其舞蹈语汇变化也不大，舞蹈节奏基本是“老二点”“老五点”，舞蹈动作的特点是：伴随着节奏，脚下走“跄步”“八字步”和“菱形步”。身上腰铃随着节拍，有规律地左右摆动。整个跳家神的舞蹈显得沉稳、凝重，造成一种庄严、肃穆之感，显示出人们对所膜拜对象的无比虔诚。无论歌还是舞，都是在一种祈望的心理作用下进行的，也是一种“单向式”的程式。所谓“单向式”，即萨满仍然是代表人，在跟神说话。在原始观念中，人与神当然不是一个等级的概念。人在神面前只有俯首帖耳和唯命是从，然而生存又要求人们必须进行抗争，有时即便做出违反神意的事，人们也要千方百计地为自己进行辩护。就像也信奉萨满教的鄂伦春族一样，尽管他们崇拜熊，把熊作为民族的图腾，但有时却要吃熊肉，穿熊皮，同时也十分虔诚地为死去的熊举行风葬，在熊神面前忏悔，因为他们祈神、敬神的目的，就是相信神是站在他们这一边的，神理解他们，同样也庇护他们。这大概在一定程度上说明了原始民族信奉萨满教的基本心理。但总体来说，神的意志仍然是不可侵犯的。跳家神里的萨满舞蹈在这种单方向的规定情境中，舞蹈语言不可能有更大起伏。所谓舞蹈的几个基本要素——动作、节奏、表情，可以说基本上是沿着一条水平的横线前进着的，是满族祖先、图腾等崇拜思想的具体展现。换句话说，萨满跳家神的舞蹈，成为先民氏祖崇拜、图腾崇拜和自然崇拜的载体。

放大神是萨满跳神的另一个主要内容。与跳家神相反，放大神是双向的结构形式。也就是说，此刻萨满是人和神的中介，是人间与灵界的桥梁，他不但向神祇传达人们心里想要说的话，而且还要代表神灵向人们传达各种各样的指示，表达各种各样的态度。当然，这一切都需要在所谓的“神附体”之后来实现。放大神的舞蹈便是在这样特定的场合中来进行的。

跑火池，满语为“爱新秃布勒合恩都里”，是满族萨满“火祭”的一种形式，用汉语可译

扣麻雀

为“火炼金神”。

跑火池开始前，先要“升火”和“净足”。升火就是把堆放在坛场中央的2000斤木炭点燃，并用簸箕将火扇旺，用铁锹把炭火铺成南北走向的长12米、宽2米、厚15厘米的炭火池。七面抓鼓同时敲起密集的碎鼓点，众栽力伴着急骤的鼓声，手持长柄大板锹将炭火铺平、夯实。

随着人们手上扒、拉、拍等动作和脚下“大弓字步移动”及“退碎步”的步伐，人到锹到之处，金花四溅，火蛇飞舞。与此同时，将要参加跑火的萨满和众栽力，用从井中挑来不落地的净水净足。传说如果不净足，就会亵渎神灵，得不到“圣火神”的护佑。

一切准备就绪，便开始拜神和请神。石姓家跑火池，既为了表达对火的崇敬，也为了祭拜自己的祖先——头辈太爷大萨满崇吉德的英灵。拜神的舞蹈，由萨满在神堂内跳。此刻，萨满赤足，面对神案，跪拜，并击鼓唱请神歌。稍许，萨满突然窜起，急速而不规则地甩动腰铃，双手把鼓抱在胸前，同时，双臂分别向左右两侧推击鼓面。随后，栽力把萨满手中鼓换成“扎枪”（满语，嘀达枪），萨满不停地翻转着枪花起舞，在老三点的鼓声中走“前进步”（向前行三步，右脚原地踏步一下）至火池边。众栽力也赤足，手持鞭、锤、刀、剑等兵器尾随其后。这时，萨满率众栽力绕火池向左跑三圈，再向右跑三圈，并边歌边舞，此举动谓“封火”。紧接着萨满于房门口处，用换回手中的抓鼓扇火。据说此时石姓家的头辈太爷就“降临”了。这一仪式，人们管它叫“拜火”。萨满此时更加兴奋，伴着越来越急和震耳的鼓声，踏着碎鼓点节奏，双脚原地频频跳动，两手再一次用扎枪舞“掖转花”（扎枪在手中立转两圈后，枪头朝下，左手握枪上端，右手摧枪下端，于左腋下位置，向左连续转三圈后，再向右转三圈），“提枪花”（原地走跄步，双手紧握中间，立于胸前，在随双臂向前环动的过程中，将枪尖随之向上提动），“转枪花”（双手横握枪于胸前，连续不断地顺时针立转），“轮枪花”（枪在身体左右两侧交替轮动）等舞蹈动作，并率众栽力快速跑上殷红的炭火池，边跑边舞动着手中的兵器，伴着脚下腾起的烟，口中接连不断地呼喊着“呵”字，使“跑火池”这一壮观的景象更加气势磅礴和动人心魄。萨满和众栽力在炭火中往返四趟后，回到神堂进行“送神”和“谢神”，跑火池至此结束。

7. 金花火神舞

金花火神，满语“爱新托亚哈恩都里”，是一位司火女神。

偷瓜

当她降临后，萨满就和一位栽力双手执香起舞于神堂与坛场中，意为把神奇的火种撒满人间。其舞蹈动作是在“快五点”的鼓声中，双手在身前、额前反复不断地交叉起舞，胯部随之左右微微摆动，使腰铃发出有节奏的“唰唰”声。然后一手于耳边，另一手于身旁，踏着碎步旋转于烟雾缭绕、烟香缥渺的场地之中，尤其是萨满手中的燃香，随着萨满腕部的转动而清香四溢。整个舞蹈动作轻柔、舒展，具有浓厚的女性特色。

（二）朝鲜族舞蹈

朝鲜族舞蹈在艺术姿容上，拥有着鲜明的特色和满丰富的内蕴。近一个世纪以来，它历经几代中国朝鲜族舞蹈家的发扬光大，今天终于长成一朵盛开的金达莱，绽放在长白山下。

1. 农乐舞

农乐舞具有悠久的历史，在原始民族的狩猎劳动和祭祀活动中已略具雏形。随着农耕时期水田劳动的开展，农乐舞日渐丰富完善，并被作为推动生产的一种手段承袭下来。

早先的农乐舞带有一些宗教色彩，如在农历年初巡回邻村跳农乐舞时，有祈天的“场院巫”，经过井旁时表演“井巫”，过桥时表演“桥巫”。整个农乐舞队由二十九名队员组成，由持“令旗”者领衔，其后为农乐队（顺序为：喇叭、太平箫、上剑、副剑、从剑、钲首长鼓、副杖鼓、首鼓、副鼓、首法鼓、副法鼓、三至八面法鼓）。扮演猎人、执事、农妪、舞童等角色的人紧随其后。音乐伴奏一般由十二段组成，“段”是构成农乐舞伴奏的基本乐章。一段还可分为三个支曲，整个农乐由十二段三十六个支曲构成。段的变化、转换以及舞蹈中的“阵法”“巫顺”等，均由上剑（小锣）击打者指挥。十二段的顺序和名称各地亦有所不同。

农乐舞的简单表演程序为：（1）农乐队围场打场，表演者不跳舞；（2）照小锣节奏跳小鼓舞；（3）舞童按“燕风台”音乐跳舞（动作是往前、后弯腰并飞速转动身体）；（4）舞者时而合拢时而分开，变换阵法跳舞；（5）舞者按古格力节奏跳舞，舞童表演叠罗汉。当系有十二度（读妥音，一度约五尺）长飘带象帽的表演者，一边滚爬一边转动象帽时，整个舞蹈达到高潮。同时，舞童站在另一人肩膀上转动象帽。

2. 长鼓舞

长鼓舞，历史悠久，在敦煌北魏（386—534）壁画中，已有类似长鼓的击鼓舞乐图。长鼓

儿时记忆——打水仗

舞最早以男性独舞为主，后来，舞台上的即兴对唱表演对长鼓舞发展起了一定的影响，使长鼓舞有了男女长鼓舞、双人长鼓舞及长鼓群舞等多种形式。现代长鼓舞有两种击打法：一为用鼓鞭（一尺许细长的竹鞭）兼用鼓槌（一端圆粗，长约尺许的木槌）击打；一为只用鼓鞭不用鼓槌击打。前者开头只用鼓鞭按慢鞭拍子边击边舞，将鼓槌插在长鼓上，舞至高潮时，方抽出鼓槌进行技巧表演。后者持鼓鞭随乐起舞。

四、民间戏曲二人转

史料记载："清嘉庆七年，即1802年始，每逢年节、农闲，怀德县老八家子、秦家屯、大榆树、双榆树等地，已有零星蹦蹦艺人演出。"从那时算起，二人转已在吉林乃至东北大地上转了二百多年。

"宁舍一顿饭，不舍二人转。"二人转是东北老百姓最喜闻乐见，且与之血肉相连的艺术形式。"一生二，二生三，三生万物。"千军万马，就是咱俩，一男一女，跳进跳出，演绎了万马千军，唱出了肥厚黑土地上密密大森林、滔滔江河水、莽莽大平原、漫漫冰雪天；唱出了刚烈、英武、粗犷、豪放、开朗、乐观、宽容、进取的东北人。二人转堪称"中国的龙凤舞"。龙，"四灵"之一，国人之图腾，中华民族的象征物。龙有九似，麟头、鹿角、兔眼、牛耳、蛇颈、蜃腹、鲤鳞、鹰爪、虎掌；凤有十形，鸿前麟后，蛇颈鱼尾，鹳颡鸳腮，龙文虎背，燕颔鸡喙，羽毛五彩，声如箫乐，足脚极高，步态倨傲，善于舞蹈，极似有四功一绝、五位一体（即唱、说、扮、舞、绝）的东北二人转。

二人转以唱为重。早年民间称二人转为"唱唱儿的"，因其唱腔嘹亮、唱词动人又被老百姓称为"扎心段"。唱，在二人转表现手法中，具有整体代表性和主导地位。二人转之唱，由何而来？史有三说，一为庄王传说。周庄王姬佗（前697—前682在位）生病，心下郁闷，身边的人找了两个傻子男扮女装，为其演唱，引得庄王大悦，遂命人编小曲在民间演唱。二是，庄王率兵出征，士兵想家厌战，庄王命两位大臣为士兵演唱，大臣背对士兵而歌，所以后来演出莲花落或蹦蹦时，演员出来要背对观众。

二人转源起又一说是范丹传说。唱莲花落的、唱蹦蹦的，都尊范丹为老祖。据说孔子于陈、蔡之间被围，让子路向范丹借粮，子路下马，把马拴在人家篱笆墙上了，那范丹能高兴

跳皮筋

吗，说无粮可借，子路撞了一鼻子灰回来了。孔子又让颜回去借，那颜回知书达理，到范丹宅前下了马，把马拴在马莲墩上了。范丹高兴，请颜回吃饺子，砂锅里有三个饺子，颜回吃过三个，里面又冒出三个。借给颜回多少粮呢，只有两个鹅翎管。凡夫俗子一看，这两个鹅翎管就算是装小米，也就装一二百粒吧。谁知颜回回来后，拔开鹅翎管，那出来的米堆成了山。好借好还，再借不难。后来范丹向孔子讨粮，孔子说，粮由后辈还，贴对联的人家都要还。就是说识文断字的人家都得还范丹粮。范丹是数着莲花落讨粮的，所以范丹除了是二人转创始人外，还是讨账老祖。

三为李梦雄、李桂贞兄妹传说。明代人李梦雄原本姓齐，父亲被奸臣所害，和妹妹李桂贞从家里逃出，以唱《棒打棒》为生。李桂贞乃官宦之女，怕见外人，所以唱二人转时以扇子遮脸。又说，二人转艺人忌讳“梦”字，称“梦”为“亮”，所以李梦雄又叫李亮雄。

二人转之唱，吸收了东北大秧歌、东北民歌、东北小调、东北大鼓、满族单鼓以及关内流入的什不闲、莲花落、河北梆子、影调、凤阳歌、小曲等音乐元素，形成了东北二人转的“九腔十八调”。九腔：胡胡腔、哈哈腔、梆子腔、佛腔、二窝子腔、影腔、糜子腔、柳子腔、十三咳腔。十八调：铺地锦、下盘棋、茉莉花、放风筝、小寡妇上坟、九反朝阳、小看戏、月牙五更、合钵、瞧情郎、妈妈好糊涂、光棍哭妻、打牙牌、尼姑思凡、张生游寺、纱金扇、姑娘膘、叫五更。

二人转之说，即二人转的说口，被老百姓称为“骨头话”“实惠嗑”“喜兴词”。说为技巧，口为内容。俗话说，唱丑唱丑，就得说口，要不说口，就说肚子没有。说口是指嘴皮子利索，不仅要继承一些成口、套口，还要借鉴学习评弹的噱头、二人台的串话、相声的包袱、戏曲的插科打诨，等等。说口，口与相结合，口与唱结合，口与技结合，光练不说傻把戏，光说不练假把戏。说口，是二人转艺术独特性及喜剧精神不可或缺的因素。

二人转之扮，即扮相。二人转塑造人物形象的具体办法：千军万马，演员就俩，分包赶角，跳进跳出。二人转可一人扮一人，二人扮一人，一人扮多人。二人转讲究拿轻比重，以假乱真，不求形似，力求神似，装龙像龙，装虎像虎，视之有物，听之有声；还要接得稳，变得快，摘得清，分得细，扔得准，接得住，带起来，捧出去，兜得严，接得紧。

二人转之舞，是说要载歌载舞演故事，强调动起来，欢起来，舞起来。二人转之舞分上场舞、中间舞、下场舞。上场舞包括喊赞、登诗头子等；中间舞，包括传统的“头场看手，二场

打陀螺

看扭，三场看走”的三场舞，以及间奏过门中的舞蹈；下场舞，即旦丑演唱正文结束后，下场前的舞蹈。

二人转之舞，舞源有三：一是东北浪秧歌，这是群众基础最深厚的舞蹈。东北浪秧歌有“腊花”与“逗丑”的踩双，讲究上下装的对称、对起、对翻、对扭、对止，在欢、美、浪、俏、哏儿中张扬浓郁地方风情，展示火辣辣的关东韵味。二是萨满歌舞。萨满歌舞是流行在东北满族等少数民族中具有一定巫术性质的歌舞，目的是巫师通过歌舞以求神魂附体，进而祈神、祭祀、驱邪、治病。萨满歌舞集信仰、歌舞、民俗为一体。跳萨满时，人跳进跳出神的世界，狂歌劲舞，神魂附体，其表演形式一定程度上影响了载歌载舞的二人转。三是吸收了中国戏曲的舞蹈元素。化用借鉴中国戏曲的一些程式，如丑登诗头子的起霸走边，三场舞中的花旦身段等。

二人转之绝，即舞蹈绝活。舞源是秧歌、莲花落、什不闲及其他舞蹈，手绢舞与扇子舞是二人转的形式符号。手绢舞有“顶绢”“立转绢”“上抛绢”“平抛绢”“后抛绢”“托绢”“下抛绢”“回旋绢”“打绢”“过顶绢”“脚抛绢”“叼绢”等变化多端的花样，此外还有大板舞、节子舞（碎嘴子）、手玉子舞（花棍舞）、霸王鞭等，与舞蹈身段组合，丰富多彩地展现了二人转的艺术绝技。

二人转，一男一女，一龙一凤，云起龙襄，有凤来仪，龙腾天表，凤乐凌霄，好个中国龙凤舞。凡是有二人转的地方，都气氛热烈，洋溢着浓浓的关东风情。

扇纸片

第三节　民间游艺与民间竞技

一、民间游艺

1. 欻“嘎拉哈”

欻“嘎拉哈”，是东北各少数民族青少年（特别是年轻姑娘）普遍喜爱的一种有趣的游戏。吉林的汉族也很喜欢玩。“嘎拉哈”，亦称“嘎什哈”，是满语音译，蒙古语称“沙阿”“沙恩”，学名“髌骨”，俗称“子儿”或“背子骨”。多数用猪小腿上的髌骨制作，居住在草原上的少数民族，则多用羊、狍子、獐、鹿、黄羊的髌骨制作。羊髌骨比猪髌骨小巧、细腻、美观、好玩。手巧的姑娘常把啃过的羊髌骨用小刀剔得光滑干净，经过水煮脱脂，再染上喜爱的颜色，就可以向伙伴们炫耀了。“嘎拉哈”有六个面，其中能立得住的只有四个面，分别叫作“坑儿”（凹面）、“背儿”（凸面）、“珍儿”（如耳状侧面）和“驴儿”（较平的侧面）。嘎拉哈的玩法很多，参加人数三五不等。

清代流行的玩法为弹嘎拉哈；民国年间多改为撂珍儿，或撂珍儿与弹嘎拉哈结合；中华人民共和国成立初期，玩的花样更多。

撂珍儿又叫拣珍儿。参加者每人交相同数目的嘎拉哈，然后“排大家”（排顺序）。头家先捧掷，从中拣珍儿，然后撂珍儿。剩三枚子时，则不再撂珍儿，而是边掷边喊“三样子”或“两样子”，言中者胜，如三枚子全相同，大家都有权抢，叫“抢爆子”。最后一枚子扔起后，大家可随意猜是“坑儿”还是“背儿”，言中归己，凡得最后一枚或多枚子的，为下一轮的头家。

还可选用若干铜钱编系的或装粮的小布袋做公用“大码”（亦可用一个较大的嘎拉哈代替）。玩者把“大码”高高扔起，乘机抓两枚相同的嘎拉哈，并接住大码。有时相同的子不相邻，就要从两处快速抓取，并接住大码。嘎拉哈的玩法很多，它对锻炼青少年机敏灵活、手疾眼快的能力很有好处，所以这种古老的玩法一直传承至今。

2. 荡秋千

荡秋千是我国古代妇女儿童喜爱的一项传统游戏。据《古今艺术图》记载：秋千本是北

欻嘎拉哈

方少数民族的“山戎之戏”，是一项用来锻炼人的轻捷、矫健的习武活动。春秋时代齐桓公北伐山戎，于是传入中原地区。南北朝时传入南方，到了唐代更为兴盛，唐宋诗词中有不少对妇女荡秋千的描写。王建《秋千词》：“身轻裙薄易生力，双手向空如鸟翼。”欧阳修《浣溪沙·堤上游人逐画船》：“绿杨楼外出秋千。”《东京梦华录》也记载，北宋都城东京开封清明节时，“举目则秋千巧笑”。从上述诗文中可以看到，唐宋时荡秋千活动在民间是极普遍的。到了近代，荡秋千多被女子所喜爱。

朝鲜族每年都要举行规模盛大的民族运动会，其最精彩的表演当是荡秋千。秋千，朝鲜语称“革捏”，是朝鲜族妇女喜爱的传统体育运动。每当节日，人们在村头或打谷场上，竖起高高的秋千架，也有的把秋千挂在山坡的大树杈上。姑娘们穿着艳丽的彩裙，争试高低。朝鲜族妇女喜爱荡秋千有着久远的历史。据说，荡秋千还是朝鲜族女子摆脱封建束缚、争取自由的活动。相传，很久以前，有一个美丽的公主，国王和王后都非常疼爱她，请国内最有名的工匠，为公主建造了漂亮的楼台亭榭。公主已经到了快要出嫁的年龄了，国王规定，除每年端午节百花盛开时允许她去御花园一次外，再不许她离开绣楼。她渴望嫁给一个如意的郎君。又一年端午节到了，公主在宫女的簇拥下来到御花园。

公主玩得非常开心，这时，忽然从宫墙外传来一阵悦耳的笛声。笛声悠扬婉转，公主听得心醉了。可她就是登上假山，也看不见高墙外的吹笛人。她看着随风摇动的高垂的柳枝，急中生智。她令宫女去取彩绸，挂在树杈上，荡起了秋千。她如同一只秀美的凤蝶，飞呀飞，飞起的高度终于高过了宫墙，一眼看到了那个风姿翩翩、手持长笛的青年。从此，她魂牵梦绕，茶饭不思。王后心碎了，国王心焦了。公主只说一句：“好闷啊，让我听听音乐吧！”这有什么难的，国王立刻叫来宫中最好的乐师为她弹奏，她听了嫌不好听。国王又马上为她叫来百名最好的吹笛手一起吹，她嫌闹，要一个一个听。听呀听，忽然听到熟悉的笛音，她透过门帘看，正是荡秋千时看到的那个让她朝思暮想的青年。她坐了起来，静静地听着。国王辞退了所有笛手，只留下这个青年，但是只允许他每天在宫门外吹奏一次。二人是无法见面的。就这样听了几个月。忽然有一天，宫女用托盘托了一只红苹果，到吹笛青年面前，说：“公主病好了，明天不必再来吹笛了。这苹果是公主送给你的。”青年拿走苹果，怎么也不解公主之意。回到家中静静地看着苹果，忽见苹果蒂处有个小破痕。剖开后，发现里面有一小柬，方才明白公主之意。又是一个端午节，公主又到御花园荡秋千，三下两下荡上墙头，扯着彩绸

秸秆川

到了墙外，吹笛青年已等候多时，公主上了小轿，竟随着青年去了。从此留下了“五月端午荡秋千”的风俗。

朝鲜族荡秋千的习俗，经久不衰。每到端午节，许多妇女穿上漂亮的衣裙去荡秋千。美丽轻盈的少女，鲜艳的衣裙，飘舞的裙带，真如仙女腾空。围观人和以歌舞，场面十分壮观。秋千架一般高10米以上，秋千架上悬有8至9米的秋千绳索。秋千分单人荡和双人荡两种。双人荡是二人对面站着荡，互相助力。体育竞赛时多为单人秋千。民间秋千竞赛一般有三种：一是以秋千前方的树枝或花朵为目标，以用脚踢着或用嘴叼下花叶决定高低胜负。二是在秋千前方的一定高度上挂起铜铃，荡秋千的人用脚踢响铜铃，并以不断升高的铜铃来表示荡秋千的高度，以决胜负。三是以系在秋千踏板的米尺测量高度来决定名次。

3. 踏跳板

踏跳板是朝鲜族妇女喜爱的又一传统民族体育活动。相传，旧社会闺房小姐受封建礼教束缚，不得走出庭院一步，她们为了观赏院外风光，于是使用跳板跃身的办法，偷看墙外世界，后来发展为一种体育活动。

跳板，通常在元宵节、端午节、中秋节和农闲期间举行。节日里，不仅姑娘、年轻媳妇参加，有的老年人和小女孩也参加。跳板，以两人为一组，可任意搭伴。跳板一般长5至6米，宽约40厘米，厚约5厘米。木板中间垫个圆木磙或稻草捆成的东西作为支撑点。中间坐一人压板，两边各站一人。开始比赛跳板时，一方用脚使劲踏板，另一方借力向上腾空跳起，靠下落的重力，把对方弹向空中，如此反复一跳一落，逐渐增加高度。跳板动作有直跳、屈腿跳、剪子跳、旋转跳。现在跳板动作又有新发展，如腾空跳起后，套花环、空中翻滚等。判断比赛成绩的标准：一是增加了高难度动作，测定跳的高度；二是看参赛者动作和完成动作的姿势、技巧。跳板是民间体育，具有很高的技巧和观赏价值，今天已成为国家规定的少数民族体育运动项目之一。

4. 跳绳

跳绳也是一项传统体育活动，有单人跳、双人跳和多人跳三种。单人跳多比技巧，如双脚跳、单脚跳、迈门槛、麻花阵、倒轮绳、跑跳、蹲跳等。双人跳，是一人摇绳，双人面对面地跳。也有的再加一人，三人同跳。多人跳，是二人摇长绳，众人顺绳列队依次跳。有跳不过

跳绳

去者，下台摇绳。也有的两伙对垒，跳绳者不许空绳，于是跳绳者要跳上跳下互相替换，往下“救”有危险者。

5. 踢毽子

毽子古时叫“蹀”，相传始于汉，盛行于魏晋南北朝、隋、唐。《帝京岁时纪胜》载：“都门有专艺踢毽子者，手舞足蹈。”踢毽子是吉林省冬季最普遍的室外游戏活动之一，颇受青少年欢迎。从前多数为男孩子游戏，现在女孩子也一样参加。毽子有两种：一种是取马鬃一绺，塞进铜钱孔中（铜钱通常为三枚合在一起），然后钉进竹楔，使之牢固，底部用火烧焦、磨平。毽子毛长短以适合平衡或根据个人爱好而定。另一种是在一块山羊皮的皮面缝钉两三枚铜钱，爱漂亮的还可给羊毛染上各种颜色。现代也有用鸡毛做毽子或用彩布缝口袋代替毽子的。踢毽子比赛有两种，一是个人赛，按踢多少决胜负。踢时又常限制左踢、右踢、左足尖、右足尖、左拐、右拐等。二是溜毽子，三五人、七八人皆可。其中一个是从毽的（俗称“拾毛儿”），一个是踢毽的（俗称“踢毛儿”），其余人在远处接毽；接到毽的人，可上台踢毽。踢毽人踢漏了，下台“拾毛儿”。现在城市学校中又兴起两军对垒的踢法，分两组，类似网球赛，中有小网隔开，两组接不住者输。

6. 跳骆驼、骑马战

跳骆驼、骑马战是满族儿童的体育活动。“跳骆驼”，满语叫“跳特猛”，玩法是：约十人为一驼队，每人弯腰，把手放在膝上做骆驼状，“驼”间稍拉开点距离。发令后，队列最后一人跳起，依次从九个“驼背”上分腿跃过，然后，高喊一声“到”，仍俯身作驼状，哪组最后一人先跳完，哪组为胜。“骑马战”，满语称“骑莫林”，玩者多为男孩。玩法是：四人一组，一人“驾辕”，两手伸向背后；左右两人，一手与“马”手相扣，搭成“马镫”，另一手搭在“辕马”肩上作“马背”；主将蹬“马镫”，骑在“马背”上。发令后，两组冲锋对打，主将落马者为输。

二、民间竞技

1. 冰雪体育

天降琼玉，地现吉光，天地无私玉万家。

大自然以凛凛寒风、飘飘瑞雪，造化一个银装素裹的世界、一个晶莹剔透的乾坤、一个中国北方最富魅力的季节。坚冰锁寒江，瑞雪铺大地，让几亿人雪趣冰嬉、玩转璇花。

他（她）从天而降，不似却胜似着皮衣、骑小驴、携一葫芦酒的黄老先生“一夜北风寒，万里彤云厚。长空雪乱飘，改尽江山旧。仰面观太虚，疑是玉龙斗。纷纷鳞甲飞，顷刻遍宇宙。骑驴过小桥，独叹梅花瘦”[8]的优雅。高山之巅，在峰与天根本分不开界限的地方，一道雪雾荡出，鱼贯而行。一条巨龙，蜿蜒盘转，穿红、蓝两色旗门，腾跃两三个跳台，做五七个大回转，那身姿高高低低，展示着直滑降、斜滑降、乙形滑降、犁式或半犁式滑降等滑雪技术，转瞬之间，一对对靓女俊男，站在你面前，是不是“广寒宫里长生药，医得冰魂雪魄回”[9]？他（她）们挥动冰钎，在“北陆苍茫河海凝，南山阑干昼夜冰，素彩峨峨明月升”时龙舟疾驰，一时间“六出奇花飞滚滚，平填了山中丘壑，皓虎癫狂，素麟猖獗，掣断真珠索”[10]，似端阳，桡旗舟鼓步骚韵，翻江倒海人声沸，龙首、龙尾、雪地龙舟赛，千人驻足，呐喊声声震寰宇，擂鼓擂鼓，试看英雄谁数。

冰嬉雪趣，大清国俗。源于宋，《宋史·礼志》：“观花，作冰嬉。”传于明，《倚晴阁杂钞》记载，富家子弟，连十几张床，于北京积水潭冰面，呼为“冰床”，且滑且酒，以为驱寒。盛于清，北京北海太液池冰面上，乾隆每年冬至到三九，举行冰嬉盛典，八旗兵丁1600人滑冰献艺。三座高大牌楼，两路纵队，曲线前行为一个螺旋形的大圈，壮观宏伟。乾隆《冰嬉赋》云：“顺时陈国俗，择地视雄观。”现保存于故宫博物院的《冰嬉图》，为宫廷画家张为邦、姚文瀚、福隆安等人合绘的绢本设色绘画，摹写了冰上表演盛况。其大蝎子图形的花样滑冰，有猿猴抱桃、哪吒探海、双飞燕、鹞子盘云、金鸡独立、凤凰展翅、童子拜佛、果老骑驴等式样，又有惊心动魄的倒立、缘杆耍刀、弄幡、飞叉、叠罗汉等动作，初现现代花样滑冰的雏形，具有重要历史价值和艺术价值。

冰嬉雪趣，从民间到宫廷，如今从宫廷又回到了民间。冰山雪岭雄伟壮观，冰雪瀑布气势磅礴，冰窟雪洞幽莹清丽，冰雕雪塑美轮美奂。到了冬天，中国北方滴水成冰的吉林，每天都在“热气”腾腾，上演形式多样、色彩斑斓的冰雪大戏，抢等、射球、马叉、抬杆、跑冰鞋、拖冰床、打滑挞、雪地走、雪爬犁、背杆儿、柔力球、太平鼓、霸王鞭、抽冰陀螺、雪地乌拉、冰上抢球等不一而足，姿态各异，各显绝技，皇家文化与现代艺术纵横交织，让人享受一场场皇家冰嬉的视觉盛宴。

跑冰鞋，“捷足行看健步纷，寒流趁冻雪花春。铁鞋踏破奔驰甚，悔作银河冰上人”[11]。

拖冰床，“十月冰床遍九城，游人曳去一毛轻。风和日暖时端坐，疑在琉璃世界行”[12]。

造冰灯，“冒烟雪”“大烟炮”的江面上燃不起蜡烛，渔民们就用大块冰罩住蜡烛，凿成冰灯。“朔风一夜结作冰，裁雪妙手抟为灯；以矾入冰冰不化，以烛照冰光四射。”[13]观冰灯，“宝塔十三层，楼观飞惊。清凉世界往飞琼。姑射仙人肌胜雪，玉佩玐琤。巧制太轻盈，细缕坚冰。六鳌海上势崚嶒。看到雪消明月夜，万点寒星”[14]。

冰上蹴鞠，“青靴窄窄虎牙缠，豹脊双分小队圆。整洁一齐偷著眼，彩团飞下白云边。万顷龙池一镜平，旗门回出寂无声。争先坐获如风掠，殿后飞迎似燕轻”[15]。

陆地之舟雪爬犁，似车无轮，似榻无足，覆席如龛，引绳如御，行雪上疾于飞鸟；冰帆船，与帆船相似，由于空气动力作用，通常以三到四倍的风速前进。

雪地走，旗头、旗袍、寸子鞋，鞋跟不低于10厘米，踩得雪地咔咔响，远远望去，缀绿擎红，紫燕翩翩，欲凌空展翅。

滑雪板，“长五尺，贴缚两足跟，手持长杆，如泊舟状。板乘雪力，瞬息可出十余里”。

雪地乌拉，“有大有小，农夫之宝。皮里没肉，肚里有草。脸多皱纹，耳朵不少。放下不动，绑起就跑”，传说那是金朝开国皇帝完颜阿骨打，翻越山梁十七道，从北海（今贝加尔湖）太子那儿，取来的神靴；初学滑冰，“往来冰上走如风，鞋底钢条制造工，跌倒人前成一笑，头南脚北手西东”[16]。

冰上客栈，“连朝风雪水冰坚，立栅江沿受一廛。凫雉獐狍朝列市，居人争购度新年”。《吉林通志》记载：“十一月江冰，沿江旅店因岸为屋，凿冰立栅以集行人。”这里说的旅店是一顿四个菜，两个饼，汆白肉，白酒管够，一宿住过一百多人，四百张爬犁的冰院子。

轱辘冰，“鱼龙曼衍夜张灯，雪月交辉淑景增。联袂踏歌归兴好，脱除晦气应休征”[17]。正月十六晚上，妇女们三五成群，手执灯笼，嬉笑着来到湖面，横卧于冰雪之上，左右翻滚，口里不住地诵唱：“轱辘冰轱辘冰，不腰疼，腿不疼。”“轱辘轱辘冰，身上轻一轻。”

"朔风卷地河水冻，新冰一片如砥平，何人冒寒作冰戏……年年结队嬉郊垌。"⑱冰嬉雪趣，强人体魄，锻造人豁达与坚毅；琼枝玉叶雾凇，氤氲缭绕雾气，引发白色季节热效应，"深度玩冰、厚度玩雪、暖度温泉、热度民俗"，蹚过雪山银瀑，就是金山银山；数九寒冬，山山乱银，路路皆白。飞鸟绝迹，人踪湮没。遐景苍茫，迩景孤冷，天地闭隆，不再交通之际，冰上热舞，电掣风驰，雪地激情，应人顺天，吸引天下无数观光者，神驰心迷，看中国为世界展示冰雪文化生存智慧。

2. 原野体育

《金史》记载，满族先民女真人自皇家兴起，每逢端午及重九，都举行骑马射柳和骑马击球活动。射柳是将柳枝细条削去一块皮，使之目标明显，作为靶子。勇士骑马奔驰中用无羽横镞箭射柳条枝削白处，驰马飞奔将射断的柳枝接到手为胜。清代，射柳逐渐消失，但围场射猎很盛行。吉林省的东丰县和伊通县都曾有过大型围场（初是皇家猎场，后成为民间固定竞技场所），民国以后，这种射猎比赛不再举行，但在民间留下了"追射"的儿童游戏。追射游戏满语谓之"隆庆"（意为追射）。玩者分成两组：一组扮作豺狼虎豹等野兽，手拿画着兽头的盾牌，分散在大圈内。另一组扮作猎手，手拿小布袋当作飞镖，追击"野兽"。每人五支"飞镖"，打完后，以击中"野兽"多者为胜。"野兽"不得出圈，只能用盾挡"镖"（挡住不算击中），"飞镖"打在身体任何部位都算击中。"猎手"间可传递"飞镖"追射。

注释

①据《西清砚谱》。

②据《楚辞》。

③据〔元〕吴莱《北方巫者降神歌》。

④据〔清〕云游客《江湖丛谈》。

⑤据〔明〕沈榜《宛署杂记》卷二十。

⑥据《大清圣祖仁皇帝实录》。

⑦据〔清〕西清《黑龙江外记》。

⑧这是《三国演义》中诸葛亮岳父黄承彦大雪中的吟诗。

⑨〔唐〕陆游《北坡梅开已久一株独不著花立春日放一枝戏作》。

⑩出自金国第四代皇帝完颜亮词《念奴娇·天丁震怒》。

⑪据〔清〕李声振《百戏竹枝词》。

⑫据〔清〕杨静亭《都门杂咏》。

⑬据〔清〕金德荣《巴里坤冰灯歌》。

⑭据〔清〕顾太清《浪淘沙》。

⑮据〔清〕曹寅《冰上打球诗》。

⑯据光绪年间(1875—1908)出版《津门杂记》。

⑰据〔清〕沈兆禔《吉林纪事诗》。

⑱据〔清〕皇室宗亲爱新觉罗·宝廷《偶斋诗草》。

参考文献

1. 袁珂校注：《山海经》，上海古籍出版社，1980。
2. 王树楠、吴廷燮等：《奉天通志》，沈阳古旧书店，1983。
3. 全国民俗学少数民族民间文化讲习班编印：《少数民族民俗资料》，内部资料，1983。
4. 金毓黻主编：《辽海丛书》，辽沈书社，1985。
5. 长顺、李桂林修纂：《吉林通志》复印本，吉林文史出版社，1986。
6. 陈见微点校：《鸡林旧闻录》，吉林文史出版社，1986。
7. 陈见微选编：《东北民俗资料荟萃》，吉林文史出版社，1986。
8. 洪皓：《松漠纪闻》，吉林文史出版社，1986。
9. 萨英额：《吉林外记·东夏卷》，吉林文史出版社，1986。
10. 胡维革、乔钊等编：《韩边外》，吉林文史出版社，1987。
11. 刘建封：《长白山江岗志略》，吉林文史出版社，1987。
12. 王文宝：《中国民俗学发展史》，辽宁大学出版社，1987。
13. 张凤台等撰：《长白汇征录》，吉林文史出版社，1987。
14. 王泉根：《华夏姓名面面观》，广西人民出版社，1988。
15. 杨锡春：《满族风俗史》，黑龙江人民出版社，1988。
16. 孙进己：《东北民族源流》，黑龙江人民出版社，1989。
17. 王锡龄编著：《中华风情大观》，中国民间文艺出版社，1990。
18. 杨子忱：《关东奇人》，长春出版社，1990。
19. 贾士金主编：《吉林省志·文物志》，吉林人民出版社，1991。
20. 孙邦主编：《吉林满族》，吉林文史出版社，1991。
21. 史简编著：《中国风物趣谈》，花山文艺出版社，1991。
22. 尹郁山编著：《吉林满俗研究》，吉林文史出版社，1991。
23. 万福麟监修，张伯英总纂，崔重庆等整理：《黑龙江志稿》，黑龙江人民出版社，1992。
24. 汪玢玲主编：《吉林省志·民俗志》，吉林人民出版社，1992。
25. 石光伟、刘厚生编著：《满族萨满跳神研究》，吉林文史出版社，1992。
26. 中国民间文学集成编委会编：《中国民间故事集成·吉林卷》，中国文联出版公司，1992。
27. 金毓黼：《静晤室日记》，辽沈书社，1993。
28. 王静、许小牙：《掮客、行商、钱庄》，四川人民出版社，1993。

29. 张紫晨:《中国民俗学史》,吉林文史出版社,1993。

30. 李来璋:《东北鼓吹乐研究》,吉林文史出版社,1994。

31. 宋孟寅、杜学德、杨荣国编:《庙会文化研究论文集》,甘肃人民出版社,1994。

32. 孙文采、王嫣娟主编:《中国人参文化》,新华出版社,1994。

33. 李兴盛、吕观仁主编:《渤海国志长编》,黑龙江人民出版社,1995。

34. 龙刚、韦兵编著:《中国三百六十行大全》,四川辞书出版社,1995。

35. 汪玢玲、李少卿主编:《长春市志·民俗方言志》,吉林文史出版社,1995。

36. 阿桂等纂修:《盛京通志》,辽海出版社,1997。

37. 施立学:《关东故事学》,辽宁民族出版社,1998。

38. 施立学:《关东岁时风俗论》,吉林文史出版社,1998。

39. 徐娟:《关东风俗故事》,延边人民出版社,1998。

40. 富育光:《萨满论》,辽宁人民出版社,2000。

41. 朱诚如主编:《清史图典》,紫禁城出版社,2002。

42. 金毓黻主编:《奉天通志》,辽海出版社,2003。

43. 韩雪峰主编:《中国民俗大系·辽宁民俗》,甘肃人民出版社,2004。

44. 施立学、曹保明主编:《中国民俗大系·吉林民俗》,甘肃人民出版社,2004。

45. 宋德胤编著:《中国民俗大系·黑龙江民俗》,甘肃人民出版社,2004。

46. 金恩晖主编:《打牲乌拉志典全书注释及其研究》,吉林文史出版社,2014。

47. 庄严主编:《吉林文艺发展文集·民俗卷》,时代文艺出版社,2014。

后 记 1

窗外的星光静静地隐去，晨曦从东方悄悄地显露，落下最后这一笔，我的心也落了地。轻抚着画作，思绪的波澜也随着画面色彩起伏跳跃，为完成《中国风俗图志·吉林卷》这一重任，多少个不眠之夜我挥毫创作，最终“匆匆”完成画卷！

2018年3月中旬的一天，我意外地接到一个电话，是吉林省民俗学会理事长施立学老师打来的。施老师说由清华大学刘晓峰教授和泰山出版社李北山老师主编一套《中国风俗图志》，“吉林卷”的绘画内容交给我来完成。放下电话后，我一直处于一种懵懵懂懂的状态中。我知道这册画卷是用志书的形式来绘画历史，记录历史，传承历史。绘画界的名家、大师比比皆是，如何就选中我这个名不见经传的蜗居在乡野、躬耕垄亩的村夫呢？我和施老师并不认识，他只是一次偶然的机会看见我为何辉老师的著作《扶余地名传说》一书的白描插图，就千方百计地找到我的电话，一锤定音，把这千斤重担压在我身上。施老师作为一位文化学者、民俗大家，他在用既挑剔又审视的眼光选人。他要选对人，选准人；选中既了解东北民俗，又能画出东北韵味的人。因为这套丛书所涉及的绘画内容，包括生产、居住、饮食、服饰、岁时节日、人生礼仪、民间信仰、民间艺术等方面。我从小就生长在东北这块黑土地上，并且生活在最原始、最淳朴的农村庄稼院里。我从小开始学画画，就没离开过东北传统的习俗与风物。我的恩师是我的岳父韩裕麟先生，他的学画经历非常像齐白石大师，先是学习软木工，雕刻绘画板柜，开始从民间画工起步。过去东北民间的景物无论是井沿、锅台、鸡鸭鹅狗、牛马大车，还是雕梁画栋、细目小窗，都是手到擒来，精准工细。后来岳父为了在艺术上有所提高，励志学习国画，四处拜访名师，山水、人物、花鸟鱼虫样样拿得起。中年时被著名画家孙其峰先生收为关门弟子，开始专攻花鸟画，业绩斐然。我几十年在岳父身边耳濡目染，学习他的为人，继承他的画风，努力完成他的夙愿。所以我的作品中处处体现东北民俗的一景一物，抒发东北的粗犷豪放、大气浪漫的情怀。施老师正是看中我的绘画风格和我对东北民俗历史文化的了解。我的绘画作品再现了历史，留住了对东北民俗历史的记忆。

这本书的绘画创作过程是非常艰辛的。因为任务量比较大，要形神具备，忠于历史，突出艺术效果，有收藏价值，有观赏价值，所以要做大量的准备工作，查阅资料，采访百岁老人，等等。因为白天忙于农活，所以多数作品是在夜深人静之时开始的。挥毫一去三更梦，泼墨渲染乐古今。虽然辛苦，但我心里感到无限欣慰和自豪。我能和这本画卷结缘，能为东北民俗和东北历史文化勾勒出这些拙作，留下丹青墨迹，让后来人能回望历史，了解东北这块黑土地的过往烟云，何其有幸。

最后，要特别感谢施立学老师和刘晓峰教授、李北山老师的信任、帮助和支持，感谢我的恩师、岳父韩裕麟先生！感谢所有帮助过我的亲人、朋友，谢谢你们的付出、关心和帮助！

薛永志于扶余家中
2019年12月16日

后 记 2

笔者终于完成了囊括生产、商业、交通、村落、家居、饮食、服饰、岁时节日、人生礼仪、民间职业组织、民间信仰、民间艺术民俗，冠以《中国风俗图志·吉林卷》之名的书稿。完稿之后，笔者仍在忐忑。书中有“东北民俗文化发展概述”一章，我“概述”得妥当吗？那为“王气所钟，襟三江，领三岗（老岭、龙岗、南岗），奇峰十六，名胜百二。崔巍磅礴，蜿蜒于亚细亚东北海隅，东方万物之所始，山岳钟灵之所宅”，藏天然之秘，孕万古之灵，远而望之若珠宫玉阙，近而视之如瑶林琪树的“东方乔岳”长白山，那博大丰厚的历史与民俗文化，走没走进我这本在田野耕耘与青灯黄卷中写出来的小册子？哪怕写出十之一二，我也就心安理得了。

民俗是历史的产物，但民俗又非历史，它积久成俗，难分起讫。民俗是在一定经济条件下文化创造的综合积累，自然和民族之间各种意识形态交相纠结，有其独特的历史发展轨迹可寻。话须通俗方传远，语必关风始动人。让我惴栗的是，本书主编、中国民俗学会副会长、清华大学著名教授刘晓峰亲自点将，由我撰写本书；李北山先生亦寄希望殷殷。我是否不负重托，完成使命了？交稿之日，我仍如《诗经·小雅·小旻》所说“战战兢兢，如临深渊，如履薄冰”。

此书要感谢参考书目涉及的先贤和朋友们，感谢薛永志先生作画，感谢我的硕士研究生傅尧、陶东明、刘泉伯、全晶文准备资料，感谢袁绍萍、吉江华老师给予文字录入的支持。向一切支持并帮助本书撰写与出版的老师、朋友们，表示敬意。

施立学
2019年4月30日

作者简介

薛永志 吉林省美术家协会会员，松原市美术家协会理事，中国老年书画研究会会员，吉林省中国画学会会员。

施立学 满族，吉林省民俗学会理事长，吉林省文化发展研究会会长，吉林省政府文史馆员，东北师范大学等全国8所大学特聘教授，吉林艺术学院满族文化研究生导师，全国社会科学普及名家，2008年北京奥运会火炬手。出版著作《东北民俗文化》等14部，发表文章3000余篇，个人及著作获全国多个奖项。

图书在版编目（CIP）数据

中国风俗图志. 吉林卷 / 刘晓峰，李北山总主编；薛永志绘；施立学著. —济南：泰山出版社，2020. 8
ISBN 978-7-5519-0582-4

Ⅰ. ① 中…　Ⅱ. ① 刘… ② 李… ③ 薛… ④ 施…　Ⅲ. ① 风俗习惯—吉林—图集　Ⅳ. ① K892-64

中国版本图书馆CIP数据核字（2020）第022849号

ZHONGGUO FENGSU TUZHI · JILIN JUAN

中国风俗图志 · 吉林卷

策　　划　胡　威
绘　　者　薛永志
著　　者　施立学
责任编辑　王艳艳
装帧设计　路渊源

出版发行　泰山出版社
社　　址　济南市泺源大街2号　邮编　250014
电　　话　综　合　部（0531）82023579　82022566
市场营销部（0531）82025510　82020455
网　　址　www.tscbs.com
电子信箱　tscbs@sohu.com
印　　刷　东港股份有限公司
开　　本　890毫米×1240毫米　16开
印　　张　16.75
字　　数　290千字
图　　片　77幅
版　　次　2020年8月第1版
印　　次　2020年8月第1次印刷
标准书号　ISBN 978-7-5519-0582-4
定　　价　106.00元